Kurde, journaliste et libre

Mythes, guerres et amours d'un peuple meurtri

Mémoires

Graveurs de mémoire

Cette collection, consacrée à l'édition de récits de vie et de textes autobiographiques, s'ouvre également aux études historiques. Depuis 2012, elle est organisée par séries en fonction essentiellement de critères géographiques mais présente aussi des collections thématiques.

Déjà parus

Lab (Manon), *L'Alsace en héritage, Histoire d'une famille,* 2015.

Ayme (Maurice), *À l'école du bonheur et de la réussite, La révolte d'un « fossile » du primaire,* 2015.

Rieuf (Armelle), *N'oublie pas d'aller chercher Armelle, Du Nord-Pas-de-Calais à la région parisienne : le chemin d'une vie,* 2015.

Delfau (Mireille), *Résistante un jour, Résistante toujours. Paulette Fouchard-Ayot ou la vie d'une femme de l'ombre*, 2015.

Milan (Jean-Pierre), *Vol à voile, chemin d'aventures, En planeur avec un inconditionnel du ciel,* 2015.

Firth (Alan), *Le petit Anglais de Béthune, En séjour chez les autres,* 2015.

Rébut (Jean-Louis), *Atout-Chœur, Un demi-siècle de direction chorale, Entretiens avec Jacqueline Heinen,* 2015.

Dhejju (Léonard), *Fleuris là où Dieu t'a semé, Histoire d'une vie,* 2015.

Rudigoz (Charly), *Lili à Alger, Une jeune prof dans une ville en guerre (1961-192),* 2015.

Guidon (Frédéric), *Chronique d'un professeur de Lettres,* 2015.

Covas (Madeleine), *Paroles de prof…, 40 ans dans l'enseignement privé,* 2014.

Wirya Rehmany

Kurde, journaliste et libre

Mythes, guerres et amours d'un peuple meurtri

Mémoires

5-7, rue de l'École-Polytechnique, 75005 Paris

http://www.harmattan.fr
diffusion.harmattan@wanadoo.fr
harmattan1@wanadoo.fr

ISBN : 978-2-343-06847-3
EAN : 9782343068473

Ce livre est dédié à mon pays d'accueil,
la France, à laquelle je dois beaucoup.

Préface

Depuis 2010, je vis en France. Elle m'a offert l'asile politique car j ai dû fuir l'Iran, le pays de mes racines et ma famille. Les Français que je rencontrais me posaient toujours les mêmes questions. Elles me semblaient étranges au début :

- D'où viens-tu ? Je n'ai jamais entendu parler du Kurdistan. C'est où le Kurdistan ?
- Pourquoi ne peux-tu rentrer en Iran ?
- Pourquoi es-tu réfugié politique ?

Répondre à ces questions en quelques phrases n était pas facile, à commencer par expliquer ma situation en tant que Kurde a mes interlocuteurs français, quelle était ma situation en tant que Kurde, ... Aussi, j'ai pensé que la meilleure façon de témoigner, était d'écrire une autobiographie qui expliciterait à la fois mon parcours personnel et en partie celui des Kurdes, et plus précisément des Kurdes d'Iran, car leur histoire est encore moins connue que celles des Kurdes d'Irak et surtout des Kurdes de Turquie.

Au récit détaillé de ma vie j'ai préféré évoquer la culture et l'identité de mon peuple. J'ai essayé dans ces mémoires de relater les événements vécus avec la plus grande neutralité et sans exagération. J'ai contrebalancé les souvenirs positifs et négatifs, tout en montrant l'ambivalence de tous les protagonistes dépeints (mes parents, le village de mon grand-père, la prison, les services secrets). Vous trouverez en annexe, un dictionnaire pour une meilleure compréhension des principaux événements historiques et politiques. J'espère ainsi permettre aux lecteurs de se forger leur propre opinion.

Enfin je remercie particulièrement mes amis de l'association *Le Rocher Oasis des Cités* pour leurs relectures vigilantes et avisées, et Gilles Le Dilhuidy pour les photographies et la cartographie, et tous ceux qui ont rendu ce livre possible par leurs encouragements et leur confiance.

Toutes vos remarques seront les bienvenues à l'adresse e-mail suivante : arbaba380@gmail.com

Les chansons douces
et tristes de ma mère

Je suis né la nuit du 17 août 1980, une nuit affreuse durant la guerre, dans une petite ville montagneuse du nom de Bayengan, au Kurdistan d'Iran. C'est une ville proche de la frontière entre l'Irak et l'Iran. L'ambiance de la guerre entre l'Iran et l'Irak (1980-1988) dominait toute la ville et la région. La nuit de ma naissance, ma mère était seule. Mon père, qui était alors *Pasdar* [1], avait été envoyé à Pavé (située à 25 kilomètres de Bayengan) pour combattre les Peshmergas du PDKI [2] qui assiégeaient la ville.

Ma mère avait mis au monde quatre fils avant moi. Elle les avait appelés Nabi, Jalil, Jabar et Mehdi. Elle avait accouché seule, à la maison, loin de l'hôpital et sans sage-femme. C'était elle qui avait coupé le cordon ombilical, pour chacun de nous. C'est peut-être à cause du manque d'hygiène lors de l'accouchement et de l'absence de suivi médical du nouveau-né que Jalil, Jabar et Mehdi étaient morts avant ma naissance et Nabi, quant à lui, devait décéder quelques années plus tard. Mais comme toutes

---

[1] *Pasdar* renvoie aux membres militaires du corps des Gardiens de la Révolution islamique d'Iran qui combattent les Peshmergas et la cause kurde, dans les provinces kurdes d'Iran. Pour plus d'explications sur le terme *Pasdar* et *Peshmerga* veuillez vous référer au lexique à la fin de l'ouvrage.

[2] Parti Démocratique du Kurdistan d'Iran. Pour plus d'explications veuillez vous référer au lexique à la fin de l'ouvrage.

les autres femmes de la région, ma mère croyait que *Shavah* lui avait volé ses enfants.

Shavah est un être légendaire, énorme, tout noir, sans bras ni jambes, de grande taille, maigre, horrible, avec des seins énormes jetés par dessus ses épaules qui, selon les croyances populaires, au moment de l'accouchement emporte l'âme du nouveau-né. Il s'élève de la terre jusqu'aux nuages et possède deux yeux qui brillent lugubrement sur son front. *Shavah* arrache le cœur et les poumons de l'accouchée, les porte à la rivière pour les laver. Si cela se fait la femme mourra. Pour chasser *Shavah* on déclenche une fusillade tout autour de la femme. Pour la même raison, le feu ou la lumière sont maintenus toute la nuit et on monte la garde à tour de rôle, pour empêcher la venue du *Shavah*. Si l'accouchement est difficile on tire les oreilles de la femme, on hurle son nom à son oreille, en la suppliant de revenir à elle, en disant que son frère ou un visiteur est venu prendre de ses nouvelles. Si elle s'évanouit, on tire un coup de fusil pour qu'elle reprenne connaissance.

Un nom est donné à l'enfant par les femmes réunies en conseil chez la femme accouchée. Le mari n'a ni le droit de choisir le nom de l'enfant ni de rester chez lui pendant l'accouchement. Quand la mère est renommée pour son intelligence ou sa beauté, on ajoute son nom à celui de l'enfant, afin de révéler la notoriété de la mère. Après deux ou trois jours, toutes les femmes viennent déposer de l'argent sous la tête du bébé couché dans son berceau. Pour préserver l'enfant du mauvais oeil, des méchants esprits et autres malheurs, les talismans sont considérés comme un moyen efficace. On s'efforce de placer le nouveau-né dans un berceau en bois et on accroche des vœux écrits sur des bouts de papier et des chapelets au-dessus de lui. Ainsi, et ce fut mon cas, l'arrière de la tête des bébés s'aplatissait tant elle était fortement attachée à l'oreiller. Quand on sort de nuit un enfant, pour le défendre contre les esprits malins qui rodent nuitamment, les femmes piquent des aiguilles dans le col de l'enfant et répètent quelques mots sans arrêt pour éloigner les mauvais esprits. En guise de talismans, on accroche à son épaule une prière cousue dans un chiffon noir de forme carrée, une coquille et une perle de verroterie. Pendant 45 jours on ne lave pas le nouveau-né. Après 45 jours, on fend l'eau de la rivière avec un poignard avec l'intention de chasser le *Shavah*.

Lorsque je suis né, on m'a attribué l'acte de naissance de Jabar, qui était né deux années avant moi (le 23 septembre 1978) et mort quelque mois avant ma naissance. Sa pièce d'identité était toujours valide. J'avais donc deux ans le jour de ma naissance! L'état iranien n'accepte pas les noms kurdes pour les déclarations d'état civil, c'est pourquoi mes parents furent obligés de donner officiellement à leurs enfants des noms non-kurdes. Mais dans la sphère familiale, les enfants étaient désignés par un patronyme traditionnel kurde. Ainsi, mon prénom officiel est Jabar et mon prénom privé Wirya, qui signifie brave et malin.

A cette époque, les parents modifiaient l'année de naissance de leurs enfants. Ils essayaient de faire en sorte que leurs fils soient officiellement plus jeunes, afin qu'ils aillent au service militaire un peu plus tard que l'âge obligatoire. Dans le cas des filles, il s'agissait de leur ajouter quelques années de plus sur l'âge enregistré par l'état civil, afin qu'elles puissent se marier plus tôt. Mon père a en réalité dix ans de plus que l'âge inscrit sur sa pièce d'identité. C'est-à-dire qu'au moment de ma naissance, il avait officiellement vingt-sept ans, alors que son âge réel était de trente-sept ans. Ma mère avait trois ans de moins que l'âge inscrit sur sa carte d'identité et son prénom avait été enregistré de manière erronée : on lui avait donné le prénom de sa propre mère. Autrement dit, ma mère s'appelle Golchane et ma grand-mère s'appelle Rochane mais sur leurs pièces d'identité respectives, le prénom Rochane est inscrit pour ma mère et Golchane, pour ma grand-mère .

A cette époque, en milieu rural, les médias, les chaînes de télévision et même les livres n'existaient pas ; les mères analphabètes (comme ma mère) n'ayant aucune connaissance musicale ou littéraire, chantaient des berceuses à la mélodie douce et agréable, pour endormir leurs enfants. Dans ce contexte sociologique particulier, les berceuses expriment la douleur en paroles et rythmes musicaux. Elles font partie de la littérature orale, le folklore, les traditions, les usages anciens, les croyances ethniques et religieuses constituent les fondements de l'identité culturelle du peuple, remplis de leçons provenant de l'héritage des expériences passées. Les mères apprennent à leurs enfants à comprendre les secrets de la nature et des différentes saisons de l'année, et à regarder les oiseaux qui volent allégrement sur la plaine, en espérant que leurs enfants connaissent la liberté qu'elles n'ont elles-mêmes jamais connue. Pour leur apprendre, au sein de la nature, les secrets d'un autre mode de vie :

Je chante une berceuse pour mon enfant chéri
Pour que le vent du nord vienne caresser tes cheveux
Je chante une berceuse du fond de mon cœur
Pour que mon enfant s'endorme sur un oreiller de fleurs

Ma berceuse est douce et son oreiller est fait de plumes d'oie
Une caravane joyeuse et pleine de couleurs arrive de loin
Tu es venu pour assister à un mariage
Et pour donner un doux baiser à ta mère
Ô Dieu, par l'amour du mont Chaho,
Que tes yeux ne soient jamais sombres.
Dors mon enfant chéri, dors !

Que le désert et la plaine soient ton doux oreiller
Ferme un moment tes doux yeux sur ce monde
Tu es la lumière de mes yeux, l'âme de mon corps
Tu es ce que j'ai de plus précieux au monde
Dors mon enfant, tu feras bientôt un beau voyage
Et tu seras guidé par les ailes des anges
Dors mon enfant, il est trop tard
La nuit est ténébreuse et le monde est aussi dur que la pierre
Tu es comme le basilic qui pousse près du ruisseau
Et sans toi, le monde n'est qu'un mirage
Je te placerai dans un palanquin
Pour te présenter au prince
Au prince j'offre donc une jolie petite fille
Je me suis installée devant la demeure des vieux
Je prends ton berceau et je le place
Dans la montagne, à l'ombre des palmiers.
Dors, mon enfant, dors !

Je prends ton berceau et je le place à l'ombre des saules pleureurs
Pour que tu apprennes ce qu'est un saule pleureur
Et ce que veut dire pleurer
Je placerai ton berceau devant le souffle des vents
Pour que tu connaisses le vent du nord
Pour que tu connaisses la solitude dans la montagne

Pour que tu connaisses les mauvais jours et les mauvais temps
Dors, mon enfant, dors !

Dors face au vent du Chamal
Apprends à être
Apprends à vivre dans la chaleur de l'été
Apprends à vivre tout seul dans le froid de la montagne
Apprends, mon enfant, apprends.
La vie, c'est cela
C'est cela, la vie

Calme-toi ! Dors bien, mon enfant !
Que tous les honnêtes gens prient pour toi !
Je suis l'objet des reproches et des calomnies des amis et des ennemis
Tu es ma force, ma vie
Tu seras la seule à rester avec moi, quand je serai vieille
Je sollicite donc l'aide du Kosay Hajij [3]
Lorsque je te contemple,
Mon cœur se remplit d'amour
Dors tendrement, dors dans le calme
Mon tendre bambin, grandis vite
Deviens le soutien de ton père
Grandis vite, deviens un homme intrépide
Garde notre Monde Nouveau
Dors, mon enfant, dors !

Dors tendrement, dors dans le calme
Les étoiles ont paru, la lune s'est levée
Dorment en silence montagnes et rivières
Dors tendrement, dors dans le calme

---

[3] *Kosay Hajij* est un personnage saint chez nous.

Dors, bonheur de mon cœur et de mes yeux
Ta mère veille sur toi
Ne reste pas éveillé, cela ne te vaut rien maintenant !
Sache que ton berceau est pour toi un trésor !
Tu es joli comme tourterelle et agnelet !
Je chante une berceuse pour t'endormir
Pour que le mal soit loin de toi
Je sollicite les vieux derviches pour que tu vives longtemps
Pour que tu deviennes père et grand-père
Je sollicite le vieux Sage du Kosay Hajij pour qu'il te protège
Dors, mon enfant, dors !

Je chante une berceuse pour t'endormir,
Sur un oreiller de plumes d'oie
Je te lange peut-être un peu trop fort
C'est pour que tu n'aies pas peur plus tard des menottes et des chaînes
Dors, mon enfant, il est trop tard
Ta patrie est envahie, elle est entre les mains de l'ennemi
Je te nourris de mon lait, pour que tu libères ta patrie
Tu es le papillon blanc de mon jardin fleuri
Dors sans crainte dans mes bras
Que Dieu te protège et que les anges du ciel te bercent
Je souhaite que tu ne sois jamais triste dans ta vie
Dors, mon enfant, dors !

Ta mère soit ton sacrifice !
Tu es kurde, habitant des montagnes et des marches lointaines,
Tu es kurde, et tu es seul et sans aide comme tous les Kurdes
Je souhaite que tu sois un combattant comme tous tes aïeux
Je t'élève et je veux que tu ne sois jamais peureux
Il faut que tu sois sage, éduqué et courageux comme ton nom,Wirya

Que tu saches bondir comme une panthère,
et te battre comme un lion
Que tu n'aies peur ni de te battre ni d'être capturé par l'ennemi
Le monde qui tourne est plein de haine
Nous n'avons pas d'ami, notre cœur est blessé !
Dors, mon amour, dors
La roue du destin est comme le vent
Si elle ne tourne pas maintenant, Dieu est miséricordieux !
Viendra le jour du bonheur, Dieu est généreux !
Et réveille-toi demain pour crier le chant de la liberté.
Dors mon enfant, dors !
Dors mon enfant, dors !
Dors mon enfant, dors !

J'avais donc cinq ans au moment d'entrer à l'école primaire! Mon jeune âge m'a causé beaucoup d'ennuis. Le jour des inscriptions, le directeur de l'école a dit à ma mère que j'étais trop petit et que je ne ressemblais pas à un enfant âgé de sept ans. Ma mère lui raconta les tragédies qu'elle avait endurées et réussit à le convaincre de m'inscrire. Les premiers jours de l'école furent pour moi un véritable cauchemar. Mes camarades, qui avaient deux, voire trois ans de plus que moi, se moquaient de mon physique chétif et me frappaient souvent. Moi, je ne pouvais rien faire d'autre que de pleurer. C'est pourquoi je fuyais l'école. Ma mère m'y envoyait de force et m'accompagnait parfois elle-même. J'étais bien connu pour cela dans toute l'école. Un jour, elle s'était fâchée contre moi devant les autres écoliers et m'avait crié « Regarde! Personne d'autre ne vient à l'école avec sa mère, qu'est-ce que je vais faire de toi? ». Ensuite, elle avait enlevé l'une de ses chaussures pour me frapper sur la tête, ce qui me fit saigner. Le directeur soigna mes blessures.

J'avais un niveau très faible en classe. J'étais peut-être le dernier de la classe. Je ne sais pas comment j'ai pu passer en deuxième et même en troisième année de primaire. A partir de la troisième, et notamment de la quatrième année, j'ai fait quelques progrès mais jusqu'à la deuxième année de collège, je n'étais guère travailleur.
Quinze minutes avant d'entrer en classe, nous devions nous soumettre à un cérémonial immuable, rituel obligatoire en Iran pour tous les élèves de la maternelle au lycée. D'abord on lisait quelques versets du coran. Puis on répétait à plusieurs reprises les slogans suivants ; Dieu protégez la révolution islamique ! A bas les ennemis de l'imam Khomeini ! A bas les Etats Unis ! A bas Israël. Pour terminer, le directeur examinait la longueur de nos ongles et de nos cheveux et frappait de sa canne en bois ceux qui les avaient trop longs à son goût.
Un avion avait déjà bombardé une école à Pavé. Cela est devenu un bon prétexte pour échapper à l'école. Dès que l'on entendait un bruit d'avion, on sortait de l'école et on rentrait chez soi. Beaucoup d'enseignants avaient été exilés à Bayangan par l'institution éducative, pour les punir des crimes qu'ils avaient perpétrés dans la ville. Ces enseignants ne connaissaient ni notre langue, ni la culture de notre région. Ils n'étaient pas animés par la motivation de bien enseigner. Ils se présentaient en cours un jour par semaine. Les habitants les considéraient comme des prophètes et les respectaient mais pour les écoliers ils ressemblaient davantage à l'ange de la mort. Ils trouvaient toujours le moindre prétexte pour nous frapper même sans motif. Par exemple, si nos ongles étaient longs ou s'ils nous voyaient traîner dans les rues, le lendemain, à l'école ils nous battaient violemment. Si la famille de l'enseignant possédait des chèvres ou des

moutons, il nous envoyait faire paître ses bêtes. S'il avait une menuiserie, il nous obligeait à couper des branches d'arbre, l'enseignant boulanger nous forçait à pétrir des pâtes et l'enseignant jardinier à faire du jardinage. Et nous, nous acceptions ces tâches avec plaisir pour s'échapper de l'école. Les élèves qui n'avaient pas réussi leur année scolaire apportaient du yaourt ou de l'huile en échange de leur passage dans la classe supérieure.

Les élèves issus de la famille d'un martyr, étaient logés confortablement car la République islamique prenait grand soin de leur alimentation et de leurs vêtements. Les élèves dont le père était *Pasdar*, comme le mien, occupaient des appartements plus modestes et les élèves des familles de Peshmerga menaient une vie bien plus difficile. L'état avait saisi leurs propriétés et ils n'avaient aucun moyen pour se procurer de l'argent. Nous avions une voisine dont le mari Peshmerga avait été tué. Ses deux enfants, un fils et une fille étaient scolarisés et n'avaient qu'une paire de chaussures usées à se partager. Le garçon allait à l'école le matin et la fille l'après-midi. Quand le garçon rentrait à la maison, il donnait les chaussures à sa sœur qui les enfilait pour se rendre en classe. Si le garçon rentrait tard, la sœur arrivait à l'école en retard. Avec les larmes aux yeux, leur mère regardait le ciel et disait : « oh! Dieu! Ce n'est pas ma faute si mon mari était Peshmerga, pourquoi suis-je tellement misérable? ». Mais quelques minutes après, elle effaçait ses larmes en disant : « le sang de mon mari n'a pas été versé pour rien, il arrivera un jour où tout le monde souhaitera connaitre la même vie que mes enfants ».

Mes parents étaient tous deux illettrés et traditionalistes. Ils étaient divorcés de leur conjoint précédents et portaient les douleurs des échecs de leur existence. Leur relation n'avait jamais été au beau fixe mais ils n'auraient pas supporté une nouvelle séparation, surtout dans une société fermée et traditionnelle, où le divorce n'était pas dans les moeurs. Ma mère disait toujours : « On m'a forcée à me marier avec quelqu'un dont je ne voulais pas, que je n'aimais pas, mais pourtant merci! C'est mon destin. On ne peut guère changer le destin, le malheur prédéterminé ne se change jamais en bonheur. La vie est pleine de chagrin ». Ma mère avait un caractère effacé et las. Elle ne travaillait pas mais elle détestait les tâches ménagères, surtout la cuisine. Dès le coucher du soleil, elle s'endormait et se réveillait très tôt le matin. Elle portait le pantalon masculin kurde au-dessus de ses vêtements féminins et se rendait au jardin situé devant chez nous, où elle jardinait jusqu'à midi et chantait souvent à haute-voix cette chanson triste:

Ô automne, cher automne, agréable automne
Ô jeune marié blond
Moi je suis comme une jeune mariée vêtue de noir et tu es flétri et boudeur
Nous avons donc même douleur
Nous sommes une seule âme dans deux corps,
Comme la poésie et (de) la musique dans une chanson
D'où vient ton jaunissement ?
Mon Jaunissement vient de l'éloignement de mon amour
Ta brise froide dans la montagne a découragé mon amour envers moi
Au lieu de la loyauté, tu m'as apporté la déloyauté

Ô automne, cher automne, agréable automne
Mon amour, pauvre amour, malheureux amour, pourquoi n'as-tu rien dit durant le campement d'été ?

Il faut que des fleurs se lèvent à la place des fleurs
Aujourd'hui l'automne est venu, voici le moment des adieux, les tentes vont se disperser
Le méchant a frappé du bâton mes poignets ornés de bracelets d'or,
Si mon bien-aimé était venu du haut pays il me faudrait lui envoyer un heureux message
Mon cœur est triste, il est plein de mélancolie.

Ô automne, cher automne, agréable automne
Mais mon cœur est un printemps de roses
Je n'avais qu'un seul cœur plein de misère et de tristesse :
Mais nous, les pauvres et les faibles, ô automne,
Nous, dont les jours sont pleins de doutes et d'erreurs,
Nous marchons, égarés dans le désert de la vie,
Pour trouver craintes et inquiétudes en quelque lieu que nous allions,
Et plus que nous n'avions laissé dans le lieu précédent !
Nos jours s'écoulent jusqu'à la mort
En questions ou dans les soupirs et les larmes
Ça suffit cruauté, angoisse et trahison !
Ça suffit !
Ça suffit !
Ça suffit !

Cette chanson folklorique reflète les croyances, les aspirations et surtout le cri étouffé d'une femme opprimée par les injustices et les inégalités sociales. C'est l'expression d'une protestation discrète – cantonnée à la plus stricte intimité de la maison – contre la fatalité d'un destin marqué par l'injustice et la difficulté d'une vie pleine de douleurs et de privations. Une autre chanson de ma mère :

Ô mon amour fais-moi une fleur d'or
Mais ne la tords pas avec les pinces
Ne la pose pas sur l'enclume
Ne la frappe pas avec le marteau
Et, par le pouvoir de Dieu, tu n'auras pas à t'en repentir!
Tes yeux sont feu et lumière, Semblables aux sources de Mihar [4]
Tu bondis comme le jeune faon de la gazelle
Chérie, à soupirer après toi, je me meurs
Qu'arrive le sommeil, viens m'apparaître
Viens pour qu'on contracte un engagement
Toi sur une boucle d'oreille, moi sur un poignard
Viens que je pose les mains sur ton cou d'or
Je te ferai ta fleur d'or
Sans la tordre avec les pinces
Sans la poser sur l'enclume
Sans la frapper avec le marteau
Viens, ne pars pas, ne m'oublie pas
Et, par le pouvoir de Dieu, je n'aurai pas à m'en repentir
Je jure sur le nom de Dieu tu es la broche et moi le rôti
Que Dieu fasse de mon âme le sacrifice de la tienne
Que les yeux du Diable et des semeurs de discorde s'éloignent
Ô ma pauvrette, fais moi la grâce d'un baiser
Si tu me donnes une paire de baisers ! Je te donne en échange :
Sept troupeaux de brebis,
Sept troupeaux de chèvres au poil frisé,
Sept lopins de terre,
Sept moulins,
Sept châteaux
C'est bon marché, c'est pour rien...
L'amour s'épanouit avec des caresses :

---

[4] *Mihar* est une plaine où l'on laisse paître le bétail, dans les régions montagneuses.

Ramollis la terre de mes racines avec l'amour
Juste sous tes mèches mordorées, abrite-moi,
Si tu ne me touches pas,
Je ne m'épanouis pas;
Viens, cueille-moi, emmène-moi par dessus la montagne
Si tu es courageuse, si tu viens m'emmener,
Je t'égaierai comme une nouvelle mariée,
Je ne me rassasierai jamais de ta beauté,
Pour t'asseoir, tout heureuse avec ton amoureux,
A te rappeler les histoires du temps passé...
Cette fois il faut que j'enfonce mon doigt dans l'œil du destin
Mais le Destin a posé les fondements de son moulin
Et rien ne l'empêchera de tourner pour nous écraser.
Écrire sur ma pierre tombale :
"Je suis martyr de l'amour, me dérangez pas"
" Je suis martyr de l'amour, me dérangez pas"
" Je suis martyr de l'amour, me dérangez pas"

Mon père se fâchait contre elle : « Il faut qu'une femme s'occupe de son foyer et non de jardinage ! Si tu n'arrives pas à t'occuper de la maison et de tes enfants, rentre chez tes parents ! ». C'est ainsi que mes tantes maternelles, qui étaient nées d'une autre mère que ma mère, venaient du village jusque chez nous plusieurs fois par semaine et s'occupaient avec sollicitude de nos affaires. Mon père les appréciait et les récompensait de leur gentillesse en leur donnant de l'argent. Mon père était plus doux que ma mère. Il prenait soin de moi et me donnait autant d'argent de poche que je le souhaitais. Je me couchais souvent à côté de lui. Il souffrait de solitude, ses enfants étaient son seul trésor. Certaines nuits mon père ne parvenait pas à dormir. Il écoutait une chanson triste. Quand le chanteur chantait : « oh! La solitude! Je n'ai personne pour me prendre en pitié et pleurer le jour où je mourrai » mon père me prenait fortement dans ses bras et les larmes coulaient de ses yeux. Je lui demandais : « pourquoi tu pleures papa? ». Il me répondait : « tu comprendras quand tu seras grand mon fils. La solitude est comme une maladie sans remède ; tout ce qui m'est arrivé c'est à cause de la solitude ».

Témoin d'une des plus grandes tragédies de l'histoire moderne à 8 ans

Bayangan est située à 120 kilomètres de la ville de Kermanshah (le plus grand centre des quatre provinces kurdes d'Iran) et à 5 kilomètres de la frontière du Kurdistan irakien. C'est une petite ville d'une population d'environ trois mille habitants, et le centre administratif et économique de 75 villages. Chaque matin, la rue principale de Bayangan était pleine de villageois qui venaient pour faire affaire et acheter de la nourriture et des marchandises. La ville était entourée par de très hautes montagnes de plus de deux mille mètres de haut. Les maisons construites en espalier étaient blotties au fond d'une vallée, de sorte que le toit d'une maison offrait une cour à la maison du dessus. Pour traverser ma ville du nord au sud, il fallait emprunter un escalier de plus de trois mille marches. Se déplacer en hiver était très difficile car la ville devenait une vraie plaque de glace.

Notre maison était située sur le point le plus bas de la ville, au fond de la vallée, qu'une petite rivière traverse. En automne et en hiver, à cause du dégel, la rivière inondait et brisait les murs de notre jardin. Durant tout l'hiver notre maison n'était jamais touchée par un seul rayon de soleil car les très hautes montagnes les empêchaient de percer. Aussi, à cause de la neige et du froid, les tuyaux d'eau gelaient, c'est pourquoi on apportait de l'eau de la source principale de la ville située à quelques mètres de notre maison. Notre foyer ne captait jamais le signal de télévision.

A la fin du printemps, de nombreuses familles d'éleveurs déménageaient et s'installaient dans des hangars ou sous des tentes noires dans les montagnes entourant la ville, et restaient là-bas jusqu'au début de l'automne. Les habitants étaient très respectueux de la morale et d'une parfaite honnêteté, Personne ne volait, si quelqu'un trouvait une pièce d'or il essayait de retrouver son propriétaire. Les commerçants laissaient les portes de leur magasin ouvertes de jour comme de nuit, personne n'entrait et ne touchait à la marchandise. Les habitants de cette ville ne connaissaient pas les drogues, seules quelques personnes fumaient des cigarettes. Tous portaient toujours les vêtements traditionnels kurdes.
Bayangan était l'arrière front pendant la guerre Iran-Irak (1980-1988), et la ville la plus proche de la frontière irakienne. Chaque jour, un grand nombre de soldats et de véhicules blindés traversaient la rue principale de la ville pour aller au front. Les soldats blessés étaient soignés sur une base ambulatoire dans le centre médical de la ville. Souvent, les avions irakiens survolaient la ville et bombardaient les montagnes alentour.
La plupart des hommes de Bayangan était *Pasdar* et pro-gouvernementaux, c'est pourquoi les gens de la région ne les aimaient pas et disaient qu'ils étaient *Jash.* [5] Certaines étaient militants du PDKI et pendant la nuit apportaient de la nourriture aux peshmergas cachés dans les montagnes environnantes. Ceux-ci écoutaient la radio du PDKI et se réjouissaient lorsqu'ils apprenaient la victoire des peshmergas du PDKI sur les Pasdars. En même temps les familles Peshmergas et Pasdars vivaient ensemble sans

---

[5] *Jash* signifie traître. Pour plus d'explications sur le terme *Jash* , veuillez vous référer au lexique à la fin de l'ouvrage.

aucun problème et sans jamais blâmer l'autre. Si un *Pasdar* ou un Peshmerga était tué au combat, les familles présentaient leurs condoléances avec beaucoup de sincérité, malgré la crainte suscitée par les Pasdars.
Mon père était *Pasdar,* il se rendait tous les jours sur le front avec un soldat comme chauffeur. Sa tâche principale était de porter des équipements de la ville aux troupes iraniennes. Il avait un caractère plein de paradoxes. Il détestait deux choses : les Kurdes et les armes. Or, il était kurde, il portait toujours les vêtements traditionnels de notre peuple et ne s'exprimait qu'en langue kurde, mais il regardait avec dédain le mouvement nationaliste kurde. Il disait que les " kurdes" (qu'il prononçait volontairement de manière moqueuse, avec emphase) n'arriveraient à rien. Il était militaire et pourtant il détestait les armes et la guerre. A la maison, il rangeait son fusil dans un coffre fermé à clef et demandait à ma mère de toujours bien faire attention à ce que les enfants ne s'en approchent pas.
Lorsque j'étais en troisième année de primaire (en 1987), un vendredi où il n'y avait pas école, mon père m'emmena auprès des soldats iraniens, sur le front. Il disait toujours : « la guerre est une leçon. Si l'on ne la voit pas de ses propres yeux, on ne peut pas comprendre à quel point cela peut être une chose néfaste. Il faut que l'homme affronte les difficultés de face pour se rendre compte de la valeur de la vie. » Il était très apprécié des militaires, mais également des habitants de la région. Il connaissait la plupart des villageois et il leur offrait ses services. Par exemple, quand il voyait une personne marcher le long de la route, il lui proposait de monter dans sa Toyota et lui donnait une boîte de conserve ou un peu de fruits, loin des yeux des soldats ou du commandant général de la région.

Une fois, nous étions dans une région du nom de Gouzile, toute proche de la frontière irakienne. Les Irakiens y envoyaient des obus tous les jours. Alors que nous passions dans les environs du village de Dégasiabe, une femme âgée arrêta la voiture de mon père et le supplia de faire libérer son fils. La veille, celui-ci avait conduit ses moutons jusqu'à une aire de pâturage près du poste des Pasdars. Le responsable du poste l'avait soupçonné d'espionnage au profit du PDKI. La majorité des habitants du village soutenait le parti et il y avait même quelques Peshmergas parmi eux. Auparavant, certains d'entre-eux avaient rendu visite à leurs familles en cachette pendant la nuit et on raconte qu'ils avaient affronté les militaires iraniens, qui avaient négligé leur surveillance quant à la présence des Peshmergas. Cet événement avait mis en colère le commandant. Il avait appelé mon père et lui avait dit : « Vous qui connaissez les habitants de cette région, dites-leur de quitter ce village parce qu'il s'agit d'une région en guerre, à portée des bombardements irakiens». Mon père avait bien compris qu'il ne s'agissait que d'un prétexte. Le commandant redoutait surtout les visites nocturnes des Peshmergas. Il lui répondit : « Les habitants vivent ici depuis des milliers d'années et pousser ces gens à l'exil sera contre-productif pour l'image des Pasdars. En outre, cette action excitera les Peshmergas et les poussera à se venger». Le raisonnement de mon père emporta l'adhésion du commandant. Il donna son accord : les habitants du village pourraient rester.

Mon père alla également auprès du commandant pour faire libérer le fils Ghanemjan, dont la mère l'avait interpellé sur la route. Le commandant qui s'appelait Chiri, avait déjà tué arbitrairement plusieurs jeunes du village, accusés d'espionnages au profit du *PDKI* sans qu'aucune procédure judiciaire n'ait lieu. Les paysans le craignaient. J'étais avec lui. Mon père lui dit : «Cet habitant est un berger innocent, libérez-le». Le commandant, s'emporta : «Vous savez bien que je vous apprécie, mais vous commettez ici deux erreurs. L'une est de me demander de libérer un espion du *PDKI*. L'autre est de continuer à emmener votre fils sur le front. Lui, il est petit, il ne sait pas de quoi il retourne. Le *PDKI* et le *Komala* peuvent facilement lui soutirer des informations. Il leur dira tout ce qu'il sait sur notre dispositif ». Mon père lui répondit : « Je suis d'accord avec vous, cela se tient. Je n'emmènerai plus mon fils. Mais libérez le berger ». Le commandant acquiesça et ordonna à un soldat de le libérer.

De retour du bureau du commandant, j'étais très contrarié de ne plus pouvoir accompagner mon père. Il tenta de me convaincre du bien-fondé de cette décision : «Le commandant a raison mon fils, ne dis rien à tes amis à propos du front ou du poste de contrôle, c'est très sérieux et tu pourrais mettre la vie des soldats en danger ». J'insistai : « Je tu jure que je ne dirai rien mais laisse-moi venir sur le front ! ». Il persista dans sa position : « Non, c'est impossible, tu as bien vu que le commandant était très fâché ! ».

Après environ une heure, mon père, moi, le commandant et une autre personne, montâmes dans la Toyota et prîmes la route vers Marakhile. Tout d'un coup, des soldats excités et méfiants arrêtèrent la voiture. Ils pointèrent du doigt une voiture qu'une mine avait touchée et qui était tombée dans une vallée et dont le chauffeur et un soldat qui l'accompagnait avaient été tués. Leurs corps étaient au fond de la vallée, à côté de la voiture. Il n'y avait aucun moyen remonter les corps depuis la crête. La seule solution était qu'une personne descende, entoure les corps d'une corde, et que mon père et le commandant les remontent à la force des bras. Le commandant me jeta un coup d'oeil et dit à mon père : « Ton fils va nous être utile dans cette situation mais je ne sais pas s'il aura le courage de descendre. Il est petit et nous pouvons le faire remonter facilement par la corde ». Malgré ses doutes et ses craintes, mon père lui donna son accord. Je fus envoyé au fond de la vallée grâce à une corde dont l'une des extrémités avait été attachée à la Toyota. La voiture accidentée était complètement détruite. Je ne sais pas pourquoi mais je ne ressentais aucune peur à la vue de ces corps horriblement désarticulés et couverts de sang. Je les attachai à la corde l'un après l'autre. J'envoyai ensuite leurs armes et leur sac. Enfin, je fus remonté. Mon père et le commandant étaient satisfaits. Ce soir-là, lorsqu'on rentra à la maison, mon père raconta tout à ma mère en détail. Elle était tellement fâchée qu'elle lui lança : « je me fiche que quelque chose de grave t'arrive à toi, mais pourquoi est-ce que tu mets cet enfant en danger? ». Mon père tenta de la rassurer : « C'est un enfant, rien ne lui arrivera car il est sous la protection des anges».

Quelques jours plus tard, mon père reçut la permission du commandant de pouvoir m'emmener de nouveau sur le front de guerre. J'étais profondément ravi. Mon père avait discuté avec le commandant et avait justifié ma présence un jour sur trois par mon utilité. Je pouvais collecter les lettres des soldats et les déposer dans les boîtes-aux-lettres à la poste de la ville. Depuis cette ville jusqu'à la frontière, il y avait soixante ou soixante-dix postes des Pasdars. Ces postes étaient petits et comprenaient au maximum vingt soldats et *Pasdar* chacun. Comme la région était montagneuse et directement exposée aux bombardements irakiens, on avait construit des petits postes permanents, situés à une grande distance les uns des autres. Les soldats, qui étaient tous Perses et non originaires de la région, écrivaient très régulièrement à leurs familles. Ils me donnaient gaiement leurs lettres, souvent accompagnées d'une conserve de thon ou de haricots rouges qui m'étaient destinés, en m'enjoignant à apporter leur lettre le plus vite possible au bureau de poste. De retour en ville, je descendais de la Toyota comme un héros, je mettais les lettres dans la boîte et je rentrais chez moi. Alors que je comptais avec joie mes conserves, ma mère me disait en kurde : « Un jour, ces conserves te coûteront la vie ». Par contre, mon père était fier de mes actions et me répétait de faire attention à ne pas perdre les lettres. J'ai vite été en possession de tellement de conserves que ma mère en donnait aux voisins .

J'étais connu de tous les soldats et Pasdars de notre région. Ma présence en leur sein était devenue ordinaire. Les derniers mois de l'année 1987, les environs étaient calmes et les Irakiens bombardaient rarement les positions iraniennes. La région était pourtant en guerre. Il n'y eut pas d'affrontement direct entre les deux parties. Les Peshmergas, quant à eux, attaquaient de temps à autre les Pasdars pendant la nuit. Les Pasdars Kurde et les Peshmergas connaissaient bien la région, ils habitaient les mêmes villages et appartenaient parfois aux mêmes familles. Les militaires redoutaient les Peshmergas et essayaient, autant que faire se peut, de ne pas les croiser. Un jour, un commandant soupçonna un garçon. Lorsqu'il demanda à ce garçon où il allait, celui-ci lui répondit qu'il partait apporter de la nourriture aux Peshmergas du PDKI. Le commandant leur fit parvenir une lettre par l'intermédiaire du garçon, dans laquelle il leur promettait qu'il leur enverrait autant de nourriture qu'ils voulaient, à condition qu'ils ne s'attaquent pas aux Pasdars. Les Peshmergas harcelaient rarement les soldats et dans le cas où ils en capturaient, ils les libéraient immédiatement. Ils avaient une fois attaqué un poste des Pasdars au lieu-dit de Gouriguévar. Deux occupants du poste avaient été blessés et tous les soldats avaient été désarmés. Les Peshmergas les avaient tous libérés mais avaient gardé captif un *Pasdar*. Ils le libérèrent au bout de quelques jours. Celui-ci fut mis aux arrêts par sa hiérarchie et renvoyé du *Sépah* un mois plus tard. On disait qu'il avait été libéré par les Peshmergas grâce à l'un de ses proches qui était lui-même Peshmerga. Le *Sépah* avait eu peur qu'il soit toujours en contact avec le PDKI, c'est pourquoi il a été emprisonné quelque mois et avait été licencié.

Le bombardement chimique de Halabja [6]

Au début de l'année 1988, le nombre de soldats sur le front face à Halabja augmentait jour après jour. Je voyais quotidiennement des camions transporter des armes et des équipements jusqu'à la frontière. Le nombre de lettres que je devais délivrer avait triplé. Chaque jour, je voyais toujours plus de Katyushas, d'obus et de dispositifs anti-aériens, qui avaient été livrés la veille pendant la nuit et étaient dissimulés sous des tentes. Malgré tout, il n'y avait

[6] Pour plus d'explications sur le bombardement chimique de Halabja, veuillez vous référer au lexique à la fin de l'ouvrage.

pas encore eu d'affrontement, aucun échange de tirs. Quelques jours avant la bataille du 16 mars, on avait transporté quatre hélicoptères près du poste de Lashkirgah, sans les cacher. Il y avait plusieurs vols d'essai chaque jour. Cela attisait ma curiosité d'enfant. Une fois, je me suis approché de l'un de ces hélicoptères. Le pilote était dans une tente, il m'a vu et en est sorti pour demander à un soldat de me faire partir de cet endroit. Mon père s'est fâché contre moi mais ne m'a rien dit sur ces hélicoptères.

A part le Commandant Général, aucun *Pasdar* kurde, pas même mon père, ne savait quoi que ce soit sur l'offensive iranienne qui allait avoir lieu. Deux ou trois jours avant l'attaque contre l'Irak, quelques bulldozers avaient dégagé le chemin de Gouzile, où les derniers postes iraniens étaient en place, au bord de la rivière frontalière Sirwane. Malgré le fait que les Irakiens voyaient ces bulldozers et les avaient à portée de tir, ils ne réagirent pas. L'un de nos soldats partit en éclairage sur le champ de mines et fut blessé. Je vis qu'il saignait. Personne n'osa aller lui porter secours. Je suis alors descendu de la Toyota et j'ai couru vers le champ de mines. Fort d'une première expérience de ce type, lorsqu'il me fallut remonter des corps de soldats tombés en voiture au fond d'une vallée, je demandai une corde pour aller sauver le soldat. Je l'attachai à sa taille. Les Pasdars purent le tirer et le ramener. Aucune autre mine n'explosa à notre passage. Je ne sais pas vraiment s'il y en avait d'autres ou si elles n'avaient pas explosé sous mon poids d'enfant. Mon père me gifla violemment. Il voulait continuer à me frapper mais les Pasdars lui dirent : « C'est un garçon intelligent et agile, laisse-le tranquille ». On amena le soldat blessé à

la clinique de Merakhil. En rentrant chez nous, mon père me demanda de ne rien dire à ma mère.
Il restait quelques jours avant le nouvel an iranien et notre école était fermée. Le vendredi 16 mars, date à laquelle les forces iraniennes attaquèrent l'Irak, la route était embouteillée à partir de Lashkirgah. Comme il avait plu la nuit précédente, la courte route reliant Gouzil à Sirwane était boueuse. Les voitures étaient embourbées et les soldats les poussaient pour les faire avancer. L'armée iranienne tirait sans discontinuer des rockets Katyushas et des obus sur les positions irakiennes à sa portée. Le vacarme des explosions ne s'arrêtait pas un seul instant. Nous sommes passés sur un petit pont qui avait été construit la nuit précédente, sur la rivière Sirwane. Il était environ dix heures lorsqu'on arriva sur les premières encablures de territoire irakien. C'était la vallée de Sazane, une vallée marécageuse, à trois kilomètres d'Halabja. Il faisait froid. On voyait çà-et-là des Land Rover complétement carbonisées dont il ne restait que la structure métallique. On ne vit pourtant ni blessé, ni mort. On n'entendait que le bruit des avions, qui était devenu banal à cette époque.
J'étais dans la voiture et je regardais les soldats. L'un deux parlait rapidement avec un talkie-walkie en langage codé, à voix haute. Après quelques minutes, il cria : « L'Irak a utilisé des bombes chimiques !». Tous les soldats s'empressèrent d'enfiler des masques à gaz. Un *Pasdar* kurde dit : « Que Dieu nous sauve ! Les armes chimiques, c'est la seule chose qui m'effraie ! ». Aucun *Pasdar* ne portait de masque, mon père inclus, pour la bonne raison qu'ils ne savaient pas comment les utiliser. Personne ne s'attendait à l'ampleur de la catastrophe qui venait de s'abattre sur Halabja. Tout le monde pensait qu'il

s'agissait d'une attaque comme il y en avait déjà eu. A midi, on arriva près d'Halabja. On vit beaucoup de personnes - principalement des femmes, des enfants et des personnes âgées à bord de voitures et de camions irakiens, qui bloquaient la route en tentant de fuir vers la frontière iranienne. Les enfants pleuraient à chaudes larmes. Certains se frottaient les yeux frénétiquement.

Quand on arriva à l'entrée de la ville, on vit quelques cadavres couverts par des draps au bord de la route. On crut au début qu'il s'agissait de soldats iraniens. Or, au fur et à mesure que l'on avançait, on commençait à voir des cadavres qui n'étaient pas couverts. C'étaient des femmes et des enfants vêtus d'habits kurdes. Certains avaient enlevé leurs vêtements en courant ou pendant leur agonie. Leurs visages étaient noirs et ils avaient vomi. On vit l'indicible. Des bébés qui étaient morts en plein allaitement, dans les bras de leur mère ; des sœurs jumelles qui étaient mortes en se serrant dans les bras l'une de l'autre ; les corps de pères qui tenaient fermement leurs enfants, morts également, pour leur sauver la vie ; des chauffeurs qui étaient avaient rendu leur dernier souffle en conduisant et dont la tête était posée sur le volant. Je vis des femmes et des enfants qui étaient morts dans des voitures. Ils avaient la bouche ouverte et leurs têtes dépassaient par les fenêtres des voitures. Je vis des familles entières mortes autour de nappes à pique-nique. Le corps d'une vache durcissait dans une écurie, ses congénères meuglant à quelques mètres.

Nous sommes rentrés immédiatement à Sazane. La catastrophe était sur toutes les lèvres. Certains soldats pleuraient. Les hélicoptères iraniens faisaient des allers-retours incessants pour transférer les blessés. Suivant les conseils d'un soldat des équipes de secours, on se lava la tête et le visage avec de l'eau limpide et froide qui coulait du haut de la vallée. Mon père et le chauffeur étaient en train de changer la roue de la Toyota. J'étais dans l'une des Land Rover brûlées, quand tout d'un coup je vis deux soldats qui amenaient un homme aux mains liées à l'intérieur d'une tente. Pris par la curiosité, j'entrai dans la tente et m'assis dans un coin. C'était un homme d'environ trente ans, à l'air désespéré. Il baissait les yeux. Il me jeta un coup d'œil furtif et continua à regarder le sol. Deux *Pasdar* kurdes, dont l'un s'appelait Rajab, lui crachèrent dessus en lui lançant : « Tu es un saboteur et tu es contre la Révolution islamique ! ». L'homme ne leva pas les yeux et ne répondit pas. Il était prostré et pensait peut-être au destin funèbre qui l'attendait. J'entendis que mon père me cherchait.

On monta dans la voiture et on reprit la route vers l'Iran. Le soldat chauffeur demanda à mon père :

- Qui était ce prisonnier ?
- " Il s'appelle Jawhare, il est Peshmerga du PDKI, il a perdu ses camarades hier soir et a été capturé par les *Jalalis* [7] qui l'ont livré aux Pasdars" Mon père lui répondit.
- " Pourquoi *Jalalis* ? Je ne crois pas, car eux-mêmes sont kurdes" le soldat lui dit.
- "si, ils n'ont aucune pitié, même pour leur proches. Les *Jalalis* sont communistes, ils disent que Dieu n'existe pas. Ce sont des saboteurs, on les a lobotomisés pour qu'ils deviennent Peshmergas". Mon père lui répondit.

---

[7] C'était comme ça qu'on appelait les Peshmergas du PUK (union patriotique du Kurdistan) sous la direction de Jalal Talabani. Pour plus d'explications veuillez vous référer au terme « PUK », au lexique à la fin de l'ouvrage.

- " Oui, mais les victimes du bombardement chimique qu'on a vus aujourd'hui étaient des femmes et des enfants innocents, ce n'est pas leur faute." Le soldat lui dit alors.

- " C'est vrai, mais tu penses que Saddam les tolère gentiment ? Il a bombardé Halabja à cause des *Jalalis*. Ils trahissent leur pays, ils ne luttent pas dans l'intérêt de leur pays. Tu voudrais que Saddam n'utilise pas d'armes chimiques contre eux ? Il faut rendre service à sa nation et à son pays. Saddam sait bien de quoi ils sont capables." Mon père lui répondit :

- " Mais les Peshmergas, nous appellent *Jash* ! Car on travaille pour l'état. Tu penses que l'état iranien a confiance en nous Pasdars et soldats kurdes ? Pourquoi n'étions nous pas au courant à propos de l'opération d'hier soir ? Pourquoi il n'y a-t-il pas un commandant *Pasdar* kurde ? L'état utilise nous, les kurdes, juste comme un instrument " Le soldat lui dit.

- " oui je sais, mais nous n'avons pas d'autre choix. Si nous ne travaillons pas pour l'état, que ferons-nous dans cette montagne pour gagner la vie de nos enfants ? Qu'est-ce qu'il a fait lui, Mollah Mustafa ? [8] On s'attend à la même chose de notre part!" ". Mon père lui répondit.

Quand on arriva à Merakhile, il faisait déjà noir. Tout le monde parlait de l'attaque chimique. On passa la nuit dans une tente. Mon père me serrait fort dans ses bras, il m'embrassait et me fixait. Pour la première fois, je perçu

---

[8] Mollah Mustafa Barzani (1903-1979) était le chef militaire et politique du mouvement national kurde d'Irak au 20ème siècle. Il est le symbole de la cause kurde dans le monde. Pour plus d'explications veuillez vous référer au terme « PDK », au lexique à la fin de l'ouvrage.

dans ses yeux de la culpabilité. Il regrettait de m'avoir emmené sur le front ce jour-là et son regard me demandait pardon. Cela lui pesait sur la conscience. Il était heureux que je fusse sain et sauf mais il s'inquiétait de l'impact qu'allait avoir sur mon âme ce spectacle tragique. Le lendemain matin, il y avait une grande agitation dans le poste de Lachkirgah, qui était le plus grand de la région. On entendait sans arrêt le bruit des canons et des obus. Plusieurs soldats blessés avaient été hospitalisés dans la clinique et il y avait d'incessants va-et-vient dans les locaux.

Cet après-midi là, un vieil hélicoptère s'était posé avec à son bord cinq ou six étrangers, dont l'un portait un jean et tenait une caméra. Ils allèrent à la clinique et après une demi-heure, entrèrent dans une tente. Ils remontèrent dans l'hélicoptère une heure plus tard. C'étaient des journalistes étrangers que les autorités iraniennes avaient emmenés à Halabja, afin qu'ils filment la catastrophe. L'Iran les avait invités pour son propre intérêt mais cela avait surtout rendu service aux Kurdes. Si ces reporters n'étaient pas venus ce jour-là, on aurait enterré les victimes de Halabja dans l'indifférence et personne n'aurait appris ce qui s'était passé. La tragédie d'Halabja allait devenir le symbole de l'innocence et des souffrances des Kurdes et donner une dimension internationale à la question kurde. Cela me motiva à devenir moi même journaliste et à diffuser des informations sur le combat des Kurdes.

Les cadavres des victimes de Halabja restèrent dans les rues pendant trois jours. Le quatrième jour, des Pasdars et des soldats iraniens les ramassèrent et les enterrèrent en groupe, dans des fosses creusées à l'aide de bulldozers. Trois ou quatre jours après le bombardement de Halabja,

j'accompagnai de nouveau les soldats mais cette fois-ci, mon père ne m'autorisa pas à entrer en territoire irakien. J'attendais dans le dernier poste de garde iranien, Ghaneskhatan, que mon père revienne de Halabja dans l'après-midi. Les soldats étaient en train de faire des travaux de soudure. Ils construisaient un grand pont au-dessus de la rivière Sirwane, qu'ils achevèrent en quelques jours. Les soldats lançaient des grenades à main dans l'eau pour attraper des poissons. La puissante explosion tuait un grand nombre de poissons, qui remontaient à la surface de l'eau avec tout ce qui était au fond de la rivière : os de chèvres, carcasses de moutons ou même des crânes humains et des vêtements. Quant à moi, j'aidais les soldats à attraper les poissons.
Les Iraniens bombardaient toujours les positions irakiennes à l'aide des Katyushas mais l'intensité de ces attaques avait diminué. Les Pasdars et les soldats iraniens redoutaient les attaques chimiques irakiennes plus que tout. Ils s'attendaient à ce que les Irakiens utilisent de nouveau les armes chimiques contre eux. De peur que le visage des soldats ne soit rendu méconnaissable par les effets des produits chimiques en cas de bombardement, il était obligatoire de porter une plaque d'identité. On distribua des masques à tous les soldats. Des instructeurs passaient dans tous les postes pour enseigner la technique de l'injection d'atropine, l'utilisation des masques, ainsi que les gestes à effectuer en cas d'attaque chimique.
Quelques jours après le bombardement de Halabja, après avoir ramassé les cadavres, les soldats iraniens rapportèrent les objets de valeur qu'ils avaient trouvés sur les victimes. Certains me confièrent des objets afin que je les garde pour eux. Quand ils voulaient rentrer chez eux lors de leurs permissions, ils venaient reprendre

ces objets. C'est ma mère qui les leur donnait. Mon père racontait qu'il avait vu de ses propres yeux des soldats voler des colliers, des bracelets et même des boucles d'oreilles sur les victimes. Il avait vu un soldat qui essayait de retirer la bague en or d'une femme. Comme le doigt de la femme avait gonflé, la bague ne bougeait pas. Alors le soldat l'a coupé et a mis le doigt avec la bague dans sa poche.

Un jour, un soldat m'avait donné un appareil que je n'avais jamais vu auparavant. J'ai tenté de savoir à quoi il servait mais je n'arrivai pas à percer ses mystères. Quand le soldat est venu le chercher, il m'a expliqué que c'était un magnétoscope, dont l'utilisation était interdite en Iran. Il m'a remercié de l'avoir gardé en m'offrant une très bonne eau de cologne, qu'il avait ramenée d'Halabja. Quand ma mère l'a vue, elle me l'a prise et l'a jetée. Elle m'a dit que cette eau de cologne appartenait à une autre personne et qu'il ne fallait pas la garder chez nous.

A cette époque là, plusieurs *Jalalis* s'installèrent à Merakhil et Sazane. Mon père détestait leur dialecte kurde, qui était propre au Kurdistan d'Irak. Il ne communiquait pas avec eux. Un jour, un Peshmerga *Jalali* s'était adressé à mon père dans ce dialecte irakien pour lui demander de lui donner des boîtes de piles, destinées à des talkie-walkies. Mon père a prétendu ne pas comprendre ce qu'il disait. Je lui ai moi-même donné une grande boîte de piles et il m'a remercié : « En fait tu es mieux élevé que ton père. »

Quelques mois plus tard, l'Iran et l'Irak signaient un accord de cessez-le-feu. C'est ainsi que s'acheva une guerre terrible et ruineuse de huit ans. Quelques jours après l'armistice, je vis des soldats s'aventurer sur le grand pont qu'ils avaient fini d'achever. De grandes structures métalliques basculaient dans l'eau et faisaient un bruit assourdissant. Quelques jours plus tard, des Pasdars Perses, dont un mollah, se rendirent dans les postes de garde frontaliers pour exposer les conditions de l'accord de cessez-le-feu et les résultats de la guerre côté iranien. Ils considéraient l'Iran comme le vainqueur de la guerre. Les Pasdars disaient qu'il fallait se méfier de Saddam, il était possible qu'il attaque de nouveau. C'est peut-être pour cette raison que les postes militaires à la frontière étaient toujours en place quelques mois après que les armes se sont tues. Les soldats y étaient toujours lourdement armés et prêts à intervenir. De plus, il y avait également le risque que faisaient peser sur eux les Peshmergas.

Une nuit, très tard, on a frappé à notre porte.

- " Qui est-ce ? Que voulez-vous ? " a demandé mon père.

- " Je viens de la garnison. Il y a un problème urgent. Vous devez venir immédiatement " a répondu une voix d'homme.

Mon père voulait aller déverrouiller la porte, mais ma mère l'en a empêché.

Le lendemain matin, mon père s'enquit de ce qui était survenu durant la nuit, mais rien d'anormal ne s'était produit dans la garnison. Il ne parla donc pas des évènements de la nuit. Quelques jours plus tard, nous fûmes réveillés par le bruit de pierres jetées sur les fenêtres de notre maison.

- " Je suis certaine que ce sont les Peshmergas " dit ma mère avec inquiétude.

- " Ne t'inquiète pas, il n'y a plus de Peshmergas ici, ils sont tous partis au Kurdistan irakien " voulut la rassurer mon père.

- " Ils sont encore là. Ils se cachent le jour dans la montagne et la nuit ils redescendent. Notre maison est la plus proche de la montagne et elle est complètement isolée. Ils sont venus pour te tuer" dit ma mère.
- " Pourquoi moi ? Je n'ai fait de mal à personne et je suis gentil avec tout le monde " dit mon père.
- " Oui, je sais cela mais quand il touche la forêt, le feu dévore aussi bien le bois vert que le bois sec " dit ma mère.
Le lendemain, mon père rapporta l'histoire au commandant de la garnison, qui lui conseilla ainsi qu'aux autres Pasdars, de rester discret, de ne pas sortir seul la nuit et de garder le soir venu les portes des maisons closes. Quelque temps après, j'étais avec mon père quand il déterra un sac, bien enveloppé de plastique, qu'il avait caché dans notre grand jardin. Il contenait un Colt et plusieurs magasins multi-cartouches. Il m'expliqua son fonctionnement et me demanda de tirer trois balles. Puis de retour à la maison, il mit le Colt avec une dizaine de cartouches dans une boîte dont il donna la clé à ma mère. Puis il me dit, qu'en son absence, si quelqu'un essayait de pénétrer la nuit dans la maison, je n'avais qu'à tirer à travers la porte.
Un jour alors que les Pasdars et les soldats déjeunaient, j'ai remarqué un Pasdar assis à l'écart sous un arbre en train d'écrire. A chaque instant, il cessait d'écrire, levait la tête, regardait autour de lui en essuyant ses larmes. Après quelques minutes, il posa sa feuille par terre et mit une pierre dessus. Il ramassa son fusil, cala le canon sous son menton et tira. Tout cela ne prit que quelques secondes. Je courus vers lui et le trouvai en sang. Les Pasdars entendirent le coup de feu et se précipitèrent chez nous. Je leur décrivis ce qui était arrivé. J'étais bouleversé d'avoir

assisté à un évènement aussi effrayant, aussi les Pasdars voyant mon émotion cherchèrent à me réconforter. Dans sa lettre, le *Pasdar* écrivait que son fils avait eu la main broyée dans un hachoir à viande, qu'il ne supportait plus de voir son enfant ainsi mutilé, c'est pourquoi il préférait mettre fin à ses jours.

En rentrant le soir, mon père raconta l'incident à ma mère. Celle-ci se mit dans une violente colère et le menaça de quitter la maison si jamais il emmenait de nouveau son fils avec lui dans la garnison. C'est pour cette raison que je n'ai plus jamais accompagné mon père à la caserne. Ma mère la nuit durant, l'a blâmé et maudit pour avoir exposé son enfant à une expérience aussi traumatisante.

Un paradis perdu :
le village de mon grand-père

Ce village dont mon grand père était le chef et qui était très éloigné de la ville, portait le nom de Tine. Ses habitants, environ 1250 personnes, étaient très simples et chaleureux, la plupart étaient horticulteur ou éleveur. Au printemps, la neige commence à fondre rapidement dans les vallées, plus lentement dans les montagnes, en commençant par les pentes inférieures, et libère peu à peu chaque semaine, une partie de la surface qui, grâce à l'abondance de l'humidité et à la chaleur de soleil, se couvre rapidement de végétation. A la fin du printemps, les habitants allaient dans les pâturages dans les hautes montagnes froides et éloignées du village, couper de l'herbe avec leur faucille. Ils la transportaient par mulet jusqu'au village et stockaient les provisions ainsi récoltées dans la grange sous les maisons ; c'était la nourriture destinée aux moutons et aux chèvres pendant l'hiver car la neige omniprésente rendait impossible l'accès aux pâturages.

En suivant la neige qui recule, les nomades et leurs troupeaux montent plus haut sur la montagne. En automne le mouvement s'effectue dans le sens inverse. Il pleut dans les vallées, la neige commence à tomber en haute montagne, et avec leurs troupeaux ils commencent à descendre des montagnes en reculant face à l'avancée de la neige. Ils arrivent ainsi à l'endroit de leurs anciens campements où l'herbe a eu le temps de repousser pendant l'été. Enfin tard dans l'automne, les troupeaux

descendent dans les vallées où il n'y a pas encore de neige. Ils fêtent le retour automnal des troupeaux comme un heureux évènement.
En été, tous les hommes du village se rendaient dans des régions très distantes de l'Iran, collectaient (illégalement) de la sève bleue d'un arbre, la faisaient bouillir dans l'eau, de sorte qu'elle se transforme en gomme, la vendaient au début de l'automne et avec ce revenu, retournaient heureux et souriants auprès de leur famille. Les femmes se chargeaient quant à elles de la cueillette et du séchage des baies et des prunes pour le commerce. Ces revenus permettaient aux familles de subsister jusqu'à l'été suivant.
L'été, seuls deux hommes restaient dans le village : un aveugle et un homme dit « victime du mauvais œil ». L'aveugle était couturier, de même que son épouse sourde et muette. La femme prenait les mesures des clients, coupait le tissu et l'homme, avec une expertise inégalée, égalisait le tissu à coudre malgré sa cécité. Seule la femme cousait des vêtements de femme. Les gens croyaient que ce couple formé d'un aveugle et d'une sourde muette avait subi la malédiction des *Djinns* que leurs parents auraient dérangés auparavant. Donc tous les descendants de ce couple devront être aveugles et sourds-muets.
Il y avait également un homme connu pour être victime du mauvais œil. On pensait que tout objet ou être regardé par cet homme subirait un dommage. Par exemple, s'il passait à côté d'un mur et que le mur par hasard s'effondrait, les gens le désignaient automatiquement coupable. S'il regardait un enfant et que l'enfant tombait malade, les gens disaient que c'était de sa faute. On racontait qu'il s'était marié avec un *Djinn* et avait eu des

enfants ; dans la nuit sa femme et ses enfants allèrent dans une région lointaine pour trouver le trésor et voler des bijoux et de l'or.

Scènes villageoises

L'hiver, beaucoup de neige tombait dans le village. Jusqu'au printemps, la route du village était barrée. Tous les villageois restaient dans le village sans rien faire d'autre que manger et dormir. Toutes les nuits, ils se rassemblaient dans la grande maison de mon grand-père pour discuter, jouer, chanter et danser. Ils restaient jusqu'à minuit, se réunissaient autour du grand poêle à bois de mon grand-père. S'il y avait un problème ou une discorde, mon grand-père, comme un juge, arbitrait et réglait le différend. Si un villageois accusait un autre d'une faute, mon grand-père demandait à l'accusé de jurer de son innocence sur un morceau de pain (le pain est sacré) et obtenait alors une grâce. Il était également médecin orthopédiste. Il commençait par laver le membre cassé avec de l'eau chaude et massait bien. Il distrayait le malade par sa conversation amicale et en une seconde, avec une expertise inégalée, remettait l'os cassé en place puis ajoutait le jaune d'oeuf sur le membre cassé auquel il attachait deux planches de bois (il a procédé de cette manière quand je me suis fracturé la main gauche).

Une fois, lors d'une dispute un homme a dit à son épouse « tu n'es pas ma femme », il n'avait plus le droit de toucher sa femme, c'est pourquoi il s'est rendu chez mon grand-père et lui a offert un cadeau pour régler le différend. Mon grand-père a demandé à la femme quel était le sujet de leur désaccord, elle a expliqué, indirectement, avec ironie à mon grand-père que c'était d'ordre sexuel. Par exemple si l'époux proposait à sa femme de se livrer à des pratiques sexuelles interdites ou tabou (comme le sexe anal), elle disait : « mon mari me demande de porter mes chaussures à l'envers (chaussure gauche au pied droit et chaussure droite au pied gauche). De cette manière mon grand-père comprenait la situation et interdisait à l'homme de recommencer, ce qui réglait le problème.

Si une femme ne parvenait pas à devenir mère, elle demandait à mon grand-père de prier pour qu'elle puisse avoir un enfant. Il y a quelques années, mon grand-père a prié pour une femme « stérile », par hasard elle est tombée enceinte et un garçon est né. Mon grand-père a demandé à ce que le bébé porte son nom, mais son père a refusé. Le nourrisson est mort après quelques jours ; les gens ont attribué sa mort au refus du père de le nommer comme mon grand-père.

Pendant les longues et froides nuits d'hiver, tour à tour les villageois racontaient une histoire comique ou tragique que les autres écoutaient en silence ou bien ils jouaient à se poser des énigmes et chacun donnait une réponse avec plus ou moins de succès :

Qu'est-ce qui parcourt une distance de mille pas et n'a pas d'ombre ? La voix

Qu'est-ce qui tombe dans l'eau sans se mouiller ? L'ombre

Qu'est-ce qui va son chemin sans jamais regarder derrière soi ? La rivière

C'est une caverne pleine de brebis blanches, un chien rouge se tient prés de l'entrée : la bouche, les dents et la langue.

Un château blanc sans porte : l'œuf

Un cavalier à six étriers : la balance

Un boeuf roux qui court dans l'air : la gâchette du fusil
Ce sont deux frères séparés par un rideau : la noix
Une maison, une maisonnette ou une pierre plate devant une source, qu'aucun animal ne peut franchir : la glace
Du poil de chèvre au sommet des arbres : la tente
Je suis allé dans un pays prospère, j'ai vu une merveille de mes deux yeux : le seau est de bois, le trépied de pierre, le feu est d'eau : le moulin
Un four fermé, plein de gâteaux soufflés : la ruche
La prairie qui n'a jamais été broutée, les enfants qui n'ont jamais tété, l'âne qui du reste du troupeau s'est séparé : le paradis terrestre, Adam et Ève, Satan
Ce sont trois frères au ventre noir : le trépied
Un bonnet pointu plein de petits poux : la figue
Seules deux sortes de personnes n'étaient pas admises chez mon grand-père : celles qui se rasaient la moustache et celles qui se comportaient de façon malséante. Si un jeune se rasait la moustache, il restait chez lui jusqu'à ce que sa moustache repousse car c'est honteux d'être imberbe. Aussi, si quelqu'un pétait lors d'une réunion, il devait rester chez lui pour quelques jours et éviter de voir des gens. Un villageois nommé Ali avait déjà pété dans une réunion et a dû de suite quitter le village. Il est revenu après quelques années en pensant que les villageois avaient oublié cette péripétie. Mais à son retour un enfant l'a pointé du doigt et a dit à sa mère : « Regarde maman, Ali Guzu (Ali pété) est rentré ». Après cet incident, Ali est repartit et n'a plus osé revenir.
Les villageois ne s'appelaient pas par leur vrai nom mais par le surnom qui leur avait été donné. Si quelqu'un se prénommait Ali et avait les yeux bleus, on l'appelait Ali Chat ; si ses yeux étaient grands, on l'appelait Ali Cheval, rouges Ali Serpent, perçants Ali Loup, bizarres Ali

Satan, verts Ali Hibou et si ses yeux étaient miel on l'appelait Ali Amoureux.

Quand des chèvres ou des moutons étaient séparés du reste du troupeau et égarés dans la montagne, leur propriétaire demandait à mon grand-père de prier pour que ses animaux ne finissent pas dévorés par les loups. Mon grand-père sortait alors sur le toit de la maison, levait ses mains vers le ciel, regardait la « grande étoile » et lui disait : « je te laisse ces chèvres et ces moutons pour que tu les protèges ! ». Malgré le fait que ce n'était que des superstitions, ça fonctionnait toujours bien, car les villageois croyaient en cette prière.

Les villageois racontaient leurs rêves à mon grand-père pour qu'il les interprète. Si quelqu'un rêvait avoir perdu une dent, mon grand-père lui disait qu'il allait perdre un de ses proches. Si quelqu'un disait avoir vu un serpent dans son rêve, mon grand-père lui disait que ses ennemis complotaient contre lui. S'il rêvait d'un baudet, cela voulait dire qu'il allait bientôt devenir riche. S'il voyait un oiseau, cela annonçait un voyage. S'il voyait une chouette ou un hibou, cela était signe de deuil. S'il voyait un lapin ou un poulet, c'était un signe de maternité et s'il voyait un ours cela annonçait plutôt un mariage. S'il rêvait d'un cheval au galop ou d'un loup hurlant, cela annonçait une catastrophe comme un tremblement de terre, un déluge, une épidémie de peste ou de choléra. S'il rêvait d'une vache, cela annonçait famine ou sécheresse. Un rêve de tortue invitait à la patience et à la tempérance. Rêver de poissons est présage de bonne fortune, de pigeon en vol, de calme, de détente et de fraternité et si le pigeon est blessé cela présageait au contraire une guerre fratricide.

Les villageois, pour se moquer des habitants du village voisin, leur attribuaient les bêtises qu'ils avaient faites eux-mêmes : Un jour, un homme de notre village voisin partit avec sa famille à la ville où il vit une télévision pour la première fois, dans un café. Le présentateur parlait et semblait regarder sa femme; il se mit en colère contre lui et lui cria « Pourquoi regardez-vous ma femme comme ça? Vous n'avez pas de femme vous-même? » Le présentateur a bien sûr continué à « regarder » sa femme et l'homme s'est jeté sur la télévision pensant que le présentateur vivait dans la télévision !

Un jour, un homme du village voisin est parti à la ville et a vu des gens manger un HOT DOG. Quand il est rentré au village, sa femme lui a demandé de raconter ce qu'il avait vu. Il répondit « J'ai vu les gens de la ville manger un truc très bizarre, je ne sais pas ce que c'est mais quand tu l'ouvres il est comme ton sexe et quand tu le fermes c'est comme mon sexe !

Les gens du village voisin ne savaient pas comment fonctionnait l'électricité. Quand il y avait une panne, ils pensaient que l'électricité avait quitté le village car ils ne s'étaient pas montrés cordiaux ou n'étaient pas hospitaliers. C'est pourquoi ils sont venus se rassembler devant le transformateur et lui ont demandé « Excuse-nous, nous n'avons pas été gentils avec toi mais nous ne sommes pas comme ça, reviens chez nous, s'il te plait ! ».

Lorsque les gens du village voisin ont vu pour la première fois une voiture, ils lui ont donné de l'herbe et de l'eau car ils ont pensé qu'il fallait la nourrir comme les chevaux.

Un jour j'ai perdu ma brebis et pour la trouver, je suis passé par le village voisin et suis resté dormir chez un villageois. A minuit, je me suis réveillé soudainement en entendant un bruit. Mes hôtes étaient en plein ébats sexuels. La femme demandait « Quels sont tes sentiments pour moi ? » Le mari a répondu « Je me sens comme si j'étais sur le mont Chaho, d'ici c'est très haut, je vois tout ». Alors je lui ai lancé « S'il te plait, regarde bien, ne vois-tu pas ma brebis ? ! ».

Moralité et sens de l'honneur

Les villageois étaient pauvres. Pourtant, ils étaient généreux, faciles à contenter et disaient toujours : « La vie est une rose, respire-la et donne-la à ton ami ». *Non* n'existait pas dans leur langue. Ils étaient très respectueux de la parole donnée. Si l'un s'est engagé à vous mener sain et sauf à un endroit, vous pouvez vous confier à lui sans crainte. Quand on fait une promesse à quelqu'un, il suffit de donner un poil de sa moustache en garantie, pour l'assurer que l'engagement sera bien honoré quelque soient les difficultés rencontrées. L'impossibilité de violer le serment fait à autrui est parfaitement illustrée par le conte suivant :

Alors qu'il construisait un gigantesque pont, l'architecte ne parvint pas à réaliser la voussure de sa grande arche, en vain il s'efforçait de l'étayer, mais elle s'effondrait toujours et la bâtisse s'en allait en lambeaux. Alors l'architecte déclara au prince qui assistait au travail, que le pont voulait une vie, et à moins qu'une chose vivante n'y fût incrustée, l'arche refuserait toujours de se fermer. Voulant à tout prix mener à bonne fin une œuvre qui l'immortaliserait, le prince ordonna que la première âme qui sortirait de la ville et arriverait au pont, fût introduite vivante dans l'ouvrage, et il scella ce décret par un serment national. Or, le prince avait une fille unique qu'il chérissait tendrement. Se souvenant d'un père bien aimé, et désirant assister à la clôture de l'ouvrage, la fille sortit de la ville vers midi, accompagnée de son chien, et se dirigea vers le pont. Le prince voyant sa fille devancée par le chien, sourit, heureux de la coïncidence. La princesse, au contraire, crut qu'il se moquait d'elle en la voyant précédée d'un animal ignoble, elle rejeta le chien en arrière, et parvint ainsi au pont. Ce fut une consternation générale, on se regardait avec douleur. Le prince refoulant son amour paternel, ordonna que sa fille fût introduite dans la construction, la jeune princesse s'inclina devant l'ordre paternel et ne prononça pas une parole, elle laissa faire. Ainsi la fille bien aimée fut mise dans la maçonnerie et lorsque la dernière pierre ferma les yeux à celle qui, dans un geste sublime saluait encore un père chéri mais inflexible, deux grosses larmes roulèrent sur la joue de celui-ci et ce fut tout.

L'hospitalité n'est jamais refusée aux mendiants et aux étrangers. Quand un indigent quémande de l'aide, on lui donne toujours quelques subsides sous forme d'argent, de nourriture riz/farine, voire de savon. Ainsi, un étranger qui frappe à la porte d'une maison, est invité par la femme à entrer, boire un thé, se reposer quelques instants, même en l'absence de son époux. Mon grand père disait toujours que l'hôte est un envoyé de Dieu, les foyers qui n'accordent pas l'aumône aux nécessiteux ne bénéficient d'aucune mansuétude et bénédiction :

Depuis un certain temps, un bandit importunait un prince. Un jour, il fut pris et comme il avait sur la conscience plusieurs assassinats, il fut condamné à être brùlé vif. Il monta sur le bûcher avec grand courage. Le prince qui assistait au supplice, l'interpella : « Eh bien, avoue que tu es dans la pire situation qui puisse exister ». Le bandit se tournant vers le prince, répondit : « non; mon

prince, il y une situation pire que la mienne; c'est lorsqu'un mendiant frappe à votre porte et que n'ayant rien à lui offrir, votre femme et vous êtes obligés de regarder vos pieds ». A cette réponse, le prince gracia le bandit.
Les villageois qui pratiquaient l'élevage des chèvres et des vaches faisaient parvenir aux voisins qui ne possédaient pas de bétail, du lait ou du yaourt provenant de leurs bêtes. Mais les voisins ne devaient surtout pas rapporter les récipients vides, il fallait y mettre quelque chose, en pratique surtout du sel. La coutume d'échanger des cadeaux a ici, comme corollaire l'idée magique, selon laquelle celui qui aurait reçu en retour un récipient vide, serait menacé dans son bien-être, contaminé en quelque sorte par le « vide » qui entrerait dans sa maison. C'est la même idée qui préside à l'usage, lors de l'achat d'une vache, de se serrer les mains après y avoir au préalable mis une poignée de terre, en disant « Dieu vous fasse du bien ».

Amour et mariage

Quand une fille devient pubère, sa mère lui plonge les mains dans un panier rempli de riz, haricot, blé et raisins secs et chante une chanson pour que sa fille ait beaucoup d'enfants et soit une bonne cuisinière pour sa famille. Les veuves qui cherchent à se marier, retirent les mouchoirs de soie de leurs coiffures et les accrochent aux branches des arbres ornant la tombe des saints. Les hommes approchent et prennent le mouchoir de la fille qu'ils aiment et veulent épouser. Les pères et les mères vérifient l'identité de l'homme qui a pris le mouchoir de leur fille,

car les familles se sont concertées durant l'été et les parents savent que leur fille est d'accord pour épouser celui qui prendra son mouchoir.
Quand une jeune fille et un jeune garçon sont amoureux, ils vont la nuit s'embrasser à la fontaine à côté du village, mais ne font jamais l'amour car c'est tabou. La fille coupe une boucle de ses cheveux et la met dans un petit mouchoir en chiffon pour l'offrir à son amoureux. Le garçon donne quant à lui un mouchoir ou un chapelet à la fille. Quand les deux sont en âge de se marier, le jeune homme prie alors sa mère d'aller demander la main de la jeune femme à ses parents. Si un des parents de la fille ou du garçon est contre le mariage, les amoureux s'enfuient de nuit pour le village voisin. Après quelques jours, le chef du village intervient pour obtenir le consentement des parents, et le mariage peut avoir lieu. Pour éviter que l'histoire tragique du fils de *Chaitanavus* [9] se reproduise, les parents acceptèrent le mariage des amoureux.
Le mari de *Chaitanavus* s'était révolté en vain contre un chef de village tyrannique. Ses hommes de main l'ont poursuivi jusque dans la montagne située près du village, l'ont désarmé et l'ont laissé là-bas pour mort. Mais l'homme était seulement blessé, il a pansé ses blessures secrètement dans la nuit, est rentré chez sa femme puis est reparti très tôt le matin se cacher dans la montagne. Peu de temps après, son épouse est tombée enceinte. Les villageois voyant que la femme attendait un enfant malgré l'absence de son mari la surnommèrent *Chaitanavus*. Sous la pression des villageois, la femme admit que son mari était toujours vivant et qu'il revenait la visiter la nuit. C'est ainsi que les hommes du chef de

[9] Nom signifiant : « femme fécondée par Satan ».

village l'ont pris en embuscade et l'ont tué. L'enfant de *Chaitanavus,* un garçon, a grandi et est tombé amoureux de la fille du chef du village mais celui-ci ne l'a pas accepté. Alors le jeune couple a fui vers le village voisin, par une nuit froide de tempête et il est mort de froid. Les villageois se sont inspirés de cette histoire pour écrire un long poème plein d'émotion qu'ils ont chanté une nuit dans la maison de mon grand-père. Les amoureux pleuraient en entendant cette histoire. Leur émotion ne tarda pas à gagner le reste de l'assemblée. Ils avaient peur d'être eux-mêmes victimes de cette cruauté et d'être séparés.

Quand les parents de la fille acceptent de donner leur fille en mariage, les parents du garçon accompagnés des dignitaires du village se rendent chez les parents de la jeune fille pour la demander en mariage au nom de leur fils. Les deux intéressés ne sont pas obligatoirement présents lors de cette rencontre. La famille de la jeune fille a plusieurs semaines pour donner sa réponse. En cas d'accord, on célèbre les fiançailles et on donne à l'occasion un grand repas auquel sont conviées les deux familles. A la fin du banquet, chaque convive offre un cadeau (de l'argent ou un bijou). De son côté le jeune homme offre à sa fiancée une bague en or. Désormais le garçon a la permission tacite de venir voir sa fiancée chez elle mais toute autre relation est interdite.

Après plusieurs mois, a lieu la cérémonie du contrat de mariage, c'est mon grand père qui rédige l'acte contractuel en présence des témoins des deux parties, dont les quatre témoins masculins de la fiancée, parmi lesquels figure son protecteur, ordinairement son père. On verse alors le montant convenu de la dot et en dédommagement d'un éventuel divorce ou veuvage, on prévoit également une somme équivalent normalement à la moitié ou au tiers de la dot. Puis mon grand père demande le consentement des ayants droit et fait faire aux mandants de la fiancée la déclaration suivante «Nous avons marié cette fille et ce fils et reçu en échange telle somme». Durant cette cérémonie, tous les assistants doivent rester immobiles, les mains posées à plat sur les genoux, de sorte que personne ne puisse nouer l'aiguillette au fiancé durant l'accomplissement du rite. A partir de ce moment, les jeunes gens sont officiellement mariés et bien que le mariage ne soit pas encore consommé, le mari ne peut se dédire que par une répudiation en bonne et due forme et contre paiement de la compensation.

Tout est donc prêt, mais on attendra l'automne pour la célébration nuptiale (la fête des noces) qui est la cérémonie la plus importante et la plus populaire. C'est au cours de cette fête que la jeune mariée est conduite dans la maison de son époux. La veille du grand jour, les amis réciproques ont procédé à la toilette des futurs époux. On les baigne et on n'y épargne pas le henné pour les paumes des mains, les extrémités des doigts et les orteils. On rase aussi les cheveux du jeune homme, par petites étapes pour s'amuser. Aussi il est obligatoire que les mariés rasent les poils indésirables (cheveux et poils pubiens).

Avec de la poudre d'antimoine, on rehausse l'éclat des yeux de la jeune fille. Pour la noce, la jeune mariée sera recouverte d'un grand voile d'ocre jaune ou rouge. Ses bijoux sont nombreux, accrochés à son cou et ses mains. Tous les habitants du village travaillent ensemble, certains préparent le repas de noces tandis que les autres chantent et dansent. La jeune mariée entièrement recouverte de son voile doit traverser le village à dos de cheval pour arriver à la maison du jeune marié. Les villageois jettent sur son passage fleurs, monnaie et chocolat et chantent :

Notre jeune mariée est belle, nous est chère
Avec ses yeux bigarrés, elle est magnifique
Depuis la maison de la jeune mariée jusqu'à la maison du jeune marié,
Il y a des cris de joie, et la bonne odeur de la menthe et du basilic.
Le village tout entier sent les noces
Elle est la joie de notre village!
Les odeurs s'emmêlent, et les jeunes dansent ensemble
Ton voile est comme un arc-en-ciel
Il ressemble à une rose épanouie
Il ressemble à un feu de braises ;
Il ressemble à une chaîne d'or brillante ;
Lorsque, tout en extase, je regarde ton voile,
Tu ressembles au soleil et le jeune marié à la lune !
Ton voile, ton voile, amour de cœur de jeune marié
Je me sacrifie à toi et à ton voile, chéri !
Quel est mon souhait, chéri?
Ton bonheur, ta santé et ton bien-être
Il y a de la joie partout, et les sœurs du jeune marié dansent
Tous les regards sont tournés vers la montagne.

Et puis, tandis que tout le monde s'amuse, la nouvelle mariée, installée sur son trône, dans un coin de la pièce, reste silencieuse, entièrement recouverte de son voile, comme une idole. Après que les convives aient mangé, chanté et dansé à loisir, les cérémonies sont terminées et chacun des invités s'en retourne chez soi. Puis les jeunes mariés sont laissés à eux-mêmes et entrent dans la chambre nuptiale, dont la porte est gardée par la femme d'honneur. Celle-ci tire trois coups de fusil, pour annoncer que tout s'est bien passé, que la mariée et le marié ont accompli leur devoir conjugal.

Lorsqu'une fille se marie, elle dit adieu au foyer de son père. Les premiers temps dans la maison de son mari, elle tourne autour du feu de son mari. On lui manifeste une attention particulière, on la nourrit bien pour qu'elle se fortifie et qu'elle ne s'ennuie pas de la maison paternelle. Une semaine plus tard, le père invite dans sa maison, sa fille et ses amies, son époux et ses parents et offre un petit festin à une vingtaine de personnes. La fille demeure chez son père durant trois jours et reçoit un cadeau de son père quand elle retourne chez son époux.

Rôle et place des femmes dans la société

Dans le village, femmes et hommes sont égaux, ils disaient toujours «*Un lion est un lion, qu'il soit homme ou femme* ». Parfois même la position des femmes était plus élevée que celles des hommes. C'est pourquoi certaines femmes ne prononçaient jamais le nom de leur mari, et l'appelaient *lui*.

Si quelque étranger franchit le seuil de sa demeure, non seulement elle ne disparaissait pas, mais elle pouvait très bien venir s'asseoir dans le groupe et prendre part à la conversation sans choquer personne. Chez eux, le foyer était considéré comme sacré et la femme qui en est la colonne vertébrale est très respectée : «La femme est le pilier de la maison», «Dieu a créé la femme, la femme a créé le foyer», «quand la mère donne, c'est Dieu qui donne», «Le seigneur fera naître un enfant de la femme et répandra sur son visage trois gouttes de lumière!», «Maison qui a de l'argent pour richesse peut se ruiner ! Maison qui a des filles pour richesse ne le peut!», «Maison qui a un fille, le Diable n'y va!», «Femme vertueuse est de bonne prise, mauvaise femme une chaîne!», «La femme est une citadelle, l'homme est un prisonnier», «L'homme est une rivière, la femme un lac», «Les jolies femmes ne peuvent pas être abandonnées par de méchants hommes, mais tuées!», «Une femme modeste vaut une ville; un homme modeste ne vaut qu'un chevreau», «De quel pays es-tu? Je ne suis pas encore marié», «Une maison, deux êtres, un esprit: voilà le bonheur».

Une histoire assez amusante illustre bien la manière dont une femme peut rendre heureuse son mari :

Dans une époque reculée, un prince avait pour conseiller un ministre reconnu pour sa sagesse. Le prince lui posa donc un jour cette question «Quelle est la meilleure femme au monde?» ; «C'est celle qui est à la fois menteuse, voleuse et passionnée», répondit le sage. Comme le prince n'arrivait pas à comprendre cette réponse, le ministre lui proposa de l'accompagner dans ses visites. Ils se déguisèrent en derviche et partirent. Ils entrèrent dans une première maison, celle du benjamin de trois frères, et demandèrent l'hospitalité pour la nuit. «Vous êtes les bienvenus, pères derviches». Ils s'assirent et remarquèrent que la barbe du maître de la maison était toute blanche et son dos tout voûté. Ils s'étonnèrent:

- Comment peut-il en être ainsi chez un homme d'une quarantaine d'années?
- Demain vous irez chez mon frère plus âgé, répondit-il, et vous comprendrez!

Là-dessus, il appelle sa femme. Celle-ci s'écria :

- Araignée rouge, venin de serpent, que me veux-tu ?
- Il faudrait préparer à manger pour nos hôtes les derviches.
- Est-ce que tu ne sais pas que dans ta maison ruinée il n'y a rien ? Où puis-je prendre quelque chose?

A tout ce que disait son mari, elle répliquait grossièrement et effrontément. Quand vint le moment du coucher, son mari lui dit:

- Nous avons deux couvertures et deux nattes; prenons les unes pour nous et donnons les autres aux derviches!
- Puisses-tu devenir aveugle! Ne sais-tu pas qu'une fois par mois, je ne puis tolérer que quelqu'un touche à mes flancs?

Aussi le ministre et le prince passèrent-ils une mauvaise nuit. Le matin, ils partirent chez le frère cadet. Celui-ci avait une barbe poivre et sel, moitié noire, moitié grise. Le prince lui demanda:

- Quel âge as-tu?
- Je frise la soixantaine
- Pourtant, observa le prince, à cet âge la barbe est généralement presque entièrement blanche.
- Pourquoi n'en est-il pas ainsi chez toi?
- Passez la nuit chez moi, soyez mes hôtes et demain vous irez chez mon frère aîné et vous le saurez!

Ils restèrent donc. Or, dans ce ménage, la femme tantôt exécutait les ordres de son mari, tantôt elle ne voulait rien savoir: elle était alternativement ou grossière ou polie ! Le jour suivant, ils se rendirent chez le frère aîné. Ils aperçurent que sa barbe était noire comme jais et pourtant il était âgé de quatre-vingts ans, à ce qu'il disait :

- Ne vous étonnez pas, derviches. Restez chez moi et vous comprendrez. Ce frère était plus pauvre que les deux autres, mais sa femme lui obéissait en tout. Quand il s'adressait à elle «Femme!», elle répondait :

- Oui, je suis ta victime!

- Y aura-t-il quelque chose à manger?

- Mais bien sûr. Il y a de tout: des œufs, du riz, du beurre et du miel!

Elle prépara un repas qui aurait pu convenir à la maison même du prince. Lorsque vint le moment de se coucher, son mari l'interpella:

- Avons-nous de la literie?

- Sous ton ombre, nous avons suffisamment de tout, comme chez un prince!

Elle sortit et se procura le nécessaire chez les voisins.

- Femme, nous avons aujourd'hui des visiteurs, il ne convient pas de nous coucher ensemble, séparons-nous

- Non, non! Les derviches sont comme nos frères. Tu sais très bien que si je passe une nuit sans toi, mieux vaut ne pas vivre!

Au réveil, le prince se renseigna auprès de cet homme:

- Quelle est la meilleure femme?

- Mais, c'est la mienne. Elle me cache des choses par-ci par-là et fait des provisions pour qu'ensuite nous n'ayons pas honte devant les invités. nous manquons de literie, mais elle en a emprunté chez les voisins; elle m'aime beaucoup. Avec une femme pareille, c'est bien sûr qu'on ne peut pas vieillir!

Alors le prince comprit le sens des paroles du ministre. Il lui fit des éloges et le récompensa. Puis il enrichit l'aîné des trois frères, fit divorcer le benjamin et trouva une autre femme pour le cadet.

Croyances et superstitions

Les villageois croyaient que des djinns bienfaisants et parfois moqueurs, coiffés d'un bonnet rouge qui les rendaient invisibles, circulaient la nuit dans les vallées profondes des montagnes et hantent le village. les esprits malfaisants, eux, se cachaient au creux des rochers et au fond des cavernes .C'est pourquoi, quand une jeune fille sortait, la nuit tombée, chercher de l'eau à la fontaine, elle piquait des aiguilles sur le col de son vêtement et répète quelques mots sans arrêt pour empêcher les djinns de l'approcher. De même, la croyance populaire prétendait qu'il ne fallait pas prendre de bain, balayer sa maison ou se couper les ongles la nuit venue, pour ne pas déranger les djinns.

Ils connaissaient les signes annonçant l'arrivée d'invités. Même s'ils avaient l'intention de voyager, ils s'interdisaient de le faire si jamais ils éternuaient trois fois d'affilée. Ils croyaient que cela annonçait la survenue d'un événement funeste au cours du voyage. Pour partir en voyage, il fallait que les présages soient favorables : sinon on s'abstenait de voyager. Faute de présages favorables, ou en présence de présages funestes, on renonçait à une entreprise, ou même on l'abandonnait si elle était déjà commencée. Par exemple, si un voyageur voyait une corneille sur le sentier devant lui, il savait que cet animal n'y était pas venu de lui-même, mais qu'il avait été envoyé par un ennemi, comme présage funeste et pour causer sa mort.

Le cri lugubre de la chouette, quand il était entendu à minuit dans un village, était un message qui signifiait que la mort était à l'affût entre les cabanes pour choisir une victime. Tous ceux qui l'entendaient se rendaient en toute

hâte au bois voisin pour chasser à coups de bâtons et de pierres le messager de mauvais augure. L'interprétation de ce fait, que l'on trouve aussi ailleurs, ressort de ce qui précède. La chouette n'est pas seulement un messager. Elle annonce la mort par son cri. En la chassant, on éloigne donc la mort. Mais, inversement, en l'attirant, on fait venir le malheur. Celui qui commettait un crime de cette nature, s'il était découvert, était sévèrement puni.
Si on voit un oiseau blanc se poser sur une vache on doit le tuer, sans quoi, il faut tuer la vache sur le champ et en partager la viande hors du village. Si une vache en train de paître enroule sa queue autour d'un arbre, il faut la tuer sur le champ. Une chèvre qui mange ses excréments, est victime d'un maléfice et il faut la sacrifier.
Le cheval doit être vendu obligatoirement avec ses rênes et sa couverture, autrement il ne profitera pas à l'acheteur. Ils croyaient à la propriété magique du cercle. On devait le trace autour de soi, en se couchant dans un endroit isolé et inconnu, pour se préserver des mauvais esprits. Si on épandait en outre du goudron autour de soi, le diable pourrait s'y coller et être pris au piège.
Pour combattre la sécheresse, les femmes allaient à la source et se douchaient mutuellement. Elles s'attelaient aussi à une charrue, la traînaient à la rivière et labouraient le cours d'eau. Par contre, pour faire cesser la pluie, on prenait une corde, on la nouait 7 ou 9 fois, on la jetait ensuite au feu en disant: « J'ai mis le feu aux chauves, que le soleil mette le feu en moi ». Les chauves, par leur calvitie brillante devaient faire briller le soleil! Pour arrêter la pluie, plusieurs garçons de 10 à 12 ans préparaient une poupée, en habillant un bâton dont un bout, un peu plus gros, simulait la tête. Ils se promenaient

avec cette poupée, en chantant. Les maîtresses de maison leur donnaient des cadeaux, du fromage et du blé.

La partie rouge du spectre promet le bonheur et l'abondance; la jaune ne signifie ni le bien, ni le mal, la partie foncée le malheur. Si quelqu'un était foudroyé, on disait que Dieu l'avait puni pour ses péchés. On ne devait pas éteindre l'incendie provoqué par la foudre, comme on ne pouvait pas consommer les bêtes foudroyées.

En vertu de la croyance que dénombrer des objets leur confère un pouvoir sur, on s'abstenait de compter son bétail, de crainte que le voisin ne puisse en apprendre la quantité et jeter un mauvais sort sur le troupeau. Pour les mêmes raisons, il n'était pas permis de mentionner le chiffre exact d'animaux domestiques.

Pour assurer l'abondance, il était d'usage d'envoyer au voisin qui n'en a pas encore eu de ses propres bêtes, du lait de la vache qui en a donné pour la première fois. En renvoyant le récipient, il fallait se garder de le retourner vide. On y mettait toujours un peu de sel ou un oeuf, autrement l'année suivante on manquerait de lait chez celui qui en avait envoyé.

Pendant les années de sécheresse ou lorsqu'il y avait peu de pluie, cette cérémonie avait lieu pour faire venir la pluie : les jeunes filles du village confectionnaient une poupée à l'aide de deux morceaux de bois et l'habillaient de vêtements multicolores. Elles chantaient et faisaient tourner la poupée sur elle-même en parcourant les rues du village. Quand elles traversaient les rues, les villageois jetaient de l'eau sur la poupée et donnaient en cadeau aux jeunes filles des œufs, de l'argent ou des noix. Puis les jeunes filles brûlaient la poupée dans le temple de la sainte du village, et jetaient ses cendres dans la rivière.

Si après quelques jours la pluie n'arrivait toujours pas, les villageois faisaient une nouvelle cérémonie. Un groupe de femmes tenant des bâtons en bois dans leurs mains, volaient des vaches du village voisin en ayant au préalable averti les habitants de ce village de leurs intentions. Elles reviennent dans leur village avec les vaches volées en manifestant une grande joie. Les vaches étaient comptées et réparties entre les villageois qui devaient les héberger et les nourrir pendant quelques jours, jusqu'à l'arrivée du chef du village voisin, accompagné de quelques hommes, venus demander respectueusement la restitution de leurs vaches. Les villageois rendaient alors les vaches mais à condition qu'ils prient tous pour que la pluie arrive.
Si après quelques jours il ne pleuvait toujours pas, les villageois faisaient une troisième cérémonie. Des femmes et des filles du village, portant un bol de cuivre sur la tête (comme un casque) et tenant un bâton de bois dans leurs mains, volant les vaches du village voisin. Il s'en suivait une bagarre entre les villageoises des deux bourgs. Le groupe des voleuses devait obligatoirement perdre la bataille et la voleuse en chef devait être légèrement blessée pour que quelques gouttes de son sang soient répandues sur la terre. Il ne faisait aucun doute pour les villageois, une fois ce rituel accompli, que la pluie viendrait pour laver le sang versé.

Cosmogonie

Selon leur cosmogonie, la création s'est effectuée en deux étapes : création du monde spirituel et création du monde matériel. Au commencement, avant la création des deux mondes, il n'y avait dans l'existence d'autre créature que la vérité suprême, unique, vivante et adorable. Lorsque mon Roi (Dieu) était, il n'y avait ni terre, ni ciel, ni la voix de personne. Dieu, sous l'apparence d'un oiseau aux ailes d'or, vint se jeter dans le grain. Lorsque mon Roi se trouvait dans la demeure de la perle, la perle était au sein de l'océan invisible du secret. Il ne voulut pas rester seul, il témoigna de son art et fit apparaître les serviteurs fidèles. Il conclut un pacte avec ses serviteurs, puis mettant le pied gauche en avant il sortit de la perle. Soixante-dix mille années s'écoulèrent et Dieu à nouveau créa une perle dans laquelle il aperçut sept de ses images ; puis apparurent douze images et ensuite quatorze. La perle disparut alors de nouveau et le dieu de l'univers s'aperçut unique dans le monde caché. De nouveau soixante-dix mille années se passèrent ; Dieu créa une perle dans laquelle il vit dix-sept de ses propres images, puis successivement trente-sept, quarante-sept, soixante-douze. Après quoi, la perle disparut et le Dieu resta seul et unique. Soixante-six mille ans après, Dieu créa encore un perle et y vit trois cent soixante images de lui-même, puis quatre cent quarante-quatre et la perle disparut et lui resta seul et unique. Soixante-dix mille ans après, Dieu créa encore une perle dans laquelle il vit soixante-dix mille images de lui-même et la perle disparut. Une nouvelle période de soixante-dix mille ans se passa et Dieu créa une perle : il y aperçut neuf cent quatre-vingt-dix neuf de ses images et enfin cent vingt-quatre mille. La perle disparut et dieu se vit seul et unique. Pendant plusieurs milliers d'années Dieu se parlait à lui même et se promenait. Il résolut de se manifester à toutes les créatures, et créa de sa pure lumière une perle en forme de lampe. Pendant Soixante mille ans il se promena en sa pure essence sans que personne ne puisse jamais le savoir.

Selon leurs croyances, le ciel composé de sept étages, repose comme un toit sur des poteaux que Salomon a le pouvoir de détruire. Chaque siècle, l'aspect du ciel se modifie. Tout homme a son étoile, qui tombe du ciel quand il meurt. Ils disent une prière quand ils voient une étoile filante. La vue d'une comète signifie qu'un grand malheur approche. Le soleil, pour eux, est une belle femme, c'est pourquoi il nous éblouit. La lune serait un homme, d'où sa figure plus sombre, couverte de taches, traces de la petite vérole. D'après une légende populaire, la lune et le soleil étaient des jeunes gens. Les avances du jeune homme n'ayant pas été accueillies favorablement par la jeune fille, le fiancé éconduit s'est écrié « transforme-toi en un être que personne ne puisse atteindre ! ». Elle est devenue lune et lui soleil. L'éclipse du soleil et de la lune serait due à quelques êtres malfaisants. Pour chasser ceux-ci, il faut faire du bruit: on tire des coups de feu, on frappe sur la vaisselle en cuivre.

La pluie est répartie par Dieu. C'est lui qui commande à Salomon d'envoyer de la pluie dans telle localité. Salomon, en sa qualité de chef suprême des animaux et des oiseaux, transmet l'ordre au Hudhud, dont relèvent tous les oiseaux. Hudhud réunit immédiatement tous les oiseaux et leur ordonne « ramassez l'eau de tel océan, ou telle mer, montez dans les airs et arrosez cet endroit de vos becs ». Les oiseaux exécutent l'ordre de leur souverain. La taille des gouttes de pluie, grandes ou petites, est fonction de celle des oiseaux. La grêle, la neige ont la même origine, et résultent de la baisse de la température au fur et à mesure que les oiseaux montent plus haut. Le tonnerre et la foudre proviennent d'un cavalier qui chevauche dans le ciel avec un fouet de feu ;

les coups de fouet sont le tonnerre ; les étincelles du fouet, la foudre.
Les villageois divisent l'hiver en deux périodes de quarante jours chacune ; le petit quarante jours et le grand. Ils considèrent ces deux temps comme des frères, le petit étant le plus fort. A la mort des deux frères, succède leur sœur *Zamharir* (le printemps) et plus celle-ci pleure ses frères, plus sa mort est rapide. Le dernier mercredi avant *Newroz* (la fête du nouvel an), l'eau des rivières et des ruisseaux s'arrête de couler et se fige immobile; la nature entière s'endort, et le ciel s'ouvre. Celui qui sera témoin de ce phénomène et qui réussira au même moment à formuler quelque voeu, sera exaucé sans faute.
Le tremblement de terre vient de ce que la terre repose sur le dos d'un taureau rouge. Celui-ci, de temps en temps, dresse les oreilles, remue la queue. Pour d'autres c'est une mouche qui tourne autour du taureau. Quand elle s'approche de l'oeil, le taureau cligne de l'oeil, la terre tremble. Si, jamais, la mouche se pose sur le dos du taureau, il se secouera, et le monde entier périra.
Ils croient que si un homme passe sous l'arc-en-ciel, il se transforme en femme, et la femme quant à elle se transforme en homme. Ils croient aussi que si une femme accouche quand il y a du soleil et de la pluie en même temps, son enfant se transformera en loup.

Relations à la nature et aux animaux

Les villageois vivaient dans la nature, c'est pourquoi ils la respectaient comme une mère. Ce conte montre leur relation avec la terre de leurs ancêtres et comment cette terre a fait d'eux les hommes qu'ils sont aujourd'hui avec leurs qualités et leurs défauts. Ils étaient et sont toujours attachés à leur terre qui les nourrit et les abrite mais aussi qui porte des grandes valeurs chères à leur cœur comme la tolérance et la liberté :

A une époque reculée, un prince décida d'étendre son influence à tous les villages. Sur le versant ensoleillé de ce mont, la contrée d'Hassan comptait seize villages qui, même s'ils entretenaient des contacts amicaux les uns avec les autres, vivaient chacun de façon indépendante. Après avoir rattaché ces villages à sa principauté, le prince y envoya un percepteur, qui prit contact avec chaque chef de village et le chargea de collecter les impôts de ses administrés. Tout se passa bien jusqu'au moment où le fonctionnaire du prince atteignit Aliawa. Là, il se rendit chez le chef, un nommé Jangi, qui l'invita à entrer et lui offrit un siège. Après avoir bu le lait de chèvre qui lui avait été servi, le percepteur s'adressa à Jangi :

- « Jangi, je suis venu te demander la part d'impôts que ton village, comme les autres villages de la région d'Hassan, doit payer au prince ». En entendant ces mots, la chaleur avec laquelle Jangi avait accueilli son hôte fit place à une grande colère et il répondit, menaçant, la main sur le manche de son poignard:

- « Comment oses-tu me demander une chose pareille? Je t'ordonne de quitter immédiatement le village, avant que je ne te mette dehors moi-même! » . Le fonctionnaire du prince fût extrêmement surpris de cette réponse, aussi inattendue que brutale. Il ne se le fit pas dire deux fois et, sans même avoir goûté au repas qui lui avait été servi, il quitta le village en toute hâte. Trois jours plus tard, le percepteur arriva au palais du prince et s'empressa de lui raconter son différend avec Jangi, le chef du village d'Aliawa. Le prince, l'ayant entendu, s'exclama:

- «Voilà qui est trop fort! Comment un petit chef de village ose-t-il défier mon autorité! Il faut lui donner une leçon ». Le conseiller du prince, un vieil homme connu pour sa sagesse, prit alors la parole et suggéra:

- «Mon prince, il est peut-être plus sage d'attendre avant de prendre des mesures de représailles envers Jangi. Cherchons d'abord à connaître la raison de son refus.

- Si tel est ton avis, soit, répondit le prince, pensif, mais comment ?

- Invitons-le ici au palais. Vous pourrez vous entretenir personnellement avec lui et peut-être comprendrez-vous alors son attitude » répondit le conseiller. Une semaine plus tard, Jangi, répondant à l'invitation du prince, et se présenta au palais. Il fut accueilli de fort aimable façon. Au cours du repas que lui offrit le prince, celui-ci demanda à Jangi de payer l'impôt. Au grand étonnement de tous, Jangi répondit qu'il acceptait volontiers. L'affaire semblait définitivement réglée et, quelques jours plus tard, le percepteur se rendit à nouveau à Aliawa Mais, il ne s'attendait guère à l'accueil qu'il reçut. Jangi, lorsqu'il l'aperçut, se mit dans une telle colère que le percepteur fit demi-tour sur le champ, sans demander son reste! De retour, il courut au palais pour rendre compte au prince de sa visite à Jangi.

- « Quoi, il me défie à nouveau! » s'écria le prince, les sourcils froncés. Le conseiller du prince, voyant combien celui-ci était irrité de l'attitude de Jangi, fit la proposition suivante:

- Mon prince, laissez-moi me charger de cette affaire, car je crois que j'arriverai à découvrir la raison qui pousse

Jangi à agir comme il le fait. Il n'est pas fou, il doit donc y avoir une explication à son comportement.
- Soit, dit le prince. Fais comme bon te semble.
Quelques heures plus tard, des soldats se mirent en chemin pour Aliawa. Le vieux conseiller du prince leur avait donné l'ordre d'attendre la nuit pour agir. Ils s'assirent sous un arbre peu avant l'entrée du village et attendirent que le soir arrivât. Lorsque le soleil eut disparu derrière les hautes montagnes rocheuses qui se profilaient à l'horizon, trois soldats s'activèrent en cachette. Ils commencèrent à remplir un sac de la terre du village d'Aliawa, tandis que les autres soldats allaient chez Jangi pour l'inviter à nouveau à palais. Jangi accepta l'invitation. Le prince et les ministres s'étaient préparés à examiner le cas de Jangi le rebelle. Mais l'homme qu'ils trouvèrent en face d'eux était calme et bien disposé.
- « Mon prince, c'est avec plaisir que je vous paierai l'impôt que mon village vous doit ». Deux gardes du prince conduisirent alors Jangi hors de la salle d'audience. Pendant ce temps, selon le plan élaboré par le vieux conseiller, quelques soldats se hâtèrent d'étaler la terre amenée d'Aliawa à l'endroit où se tenait Jangi un instant auparavant. Celui-ci revint, escorté de deux gardes, et se trouva, sans s'en douter le moins du monde, debout sur la terre de son village.
- « Jangi, tu as changé d'avis et tu es donc prêt maintenant à payer l'impôt », lui dit le prince. Jangi répliqua, furieux:
- « Personne au monde n'a le droit d'exiger que nous payions des impôts! Et si vous voulez nos récoltes, il vous faudra d'abord éliminer tous les habitants du village! » De nouveau, les gardes encadrèrent Jangi et le firent sortir de

la salle d'audience. Une fois la terre d'Aliawa remise dans le sac, on ramena le chef récalcitrant devant le prince.

- « Jangi, nous aimerions savoir si tu es prêt à payer tes impôts, comme tous les autres villages d'Hassan », lui demanda le prince. Jangi, debout sur la terre, répondit sur un ton aimable:

- « C'est un honneur pour moi et mon village de vous entendre me faire une telle requête. Tout ce que le village possède est à vous ». Jangi fut à nouveau conduit hors de la salle et, une fois encore, la terre fut étalée sur le sol.

Cette scène se répéta cinq fois et, chaque fois que Jangi foulait la terre de son village, il refusait obstinément de payer l'impôt. En revanche, lorsqu'il se trouvait hors de sa terre, il se montrait prêt à payer. Le prince finit par demander à son vieux conseiller de lui expliquer ce phénomène étrange, cette façon dont le caractère de Jangi changeait du tout au tout selon la terre sur laquelle il se tenait. Le conseiller lui répondit:

- « Mon prince, le comportement de l'homme n'est pas seulement façonné par l'éducation qu'il reçoit, mais aussi par la terre sur laquelle il naît, grandit et vit. L'honnêteté, la sincérité, le courage, la lâcheté, la générosité, l'avarice, l'arrogance, la simplicité, la cruauté, la gentillesse, la crédulité, tous ces traits de caractère sont déterminés également par la terre. Ainsi, comme vous avez pu le constater, la terre de Aliawa est une terre fière et brave».

Le spectacle de la nature, les activités quotidiennes, surtout l'attitude des animaux domestiques qu'ils élèvent ou des bêtes sauvages qu'ils chassent, tout leur suggère des comparaisons qui piquent la curiosité et constituent un savoureux abrégé de sagesse pratique. Les mères étaient fières que leurs fils soient de bons chasseurs, elles évoquaient cette chanson relatant l'histoire d'une mère racontant à ses voisins la chasse au cerf de son fils courageux. Il est à rappeler depuis l'antiquité que le combat contre les animaux sauvages et les monstres est fortement connoté dans la culture kurde:

Ô voisins ! Sachez-le bien !
C'est mon fils qui a chassé ce cerf, ce grand cerf de sept ans
La prière des honnêtes gens lui en a donné la force
Dans la nuit ténébreuse, les cerfs étaient terrifiés,
Lorsqu'ils ont senti la poudre.
C'est mon fils chéri, courageux et sans peur,
Qui a tué ce cerf, à la force de ses bras et par son fusil.
Laissez-le rentrer à la maison, pour qu'il chasse aussi le cerf de nos cœurs

Pour des esprits comme les nôtres, ou bien les oiseaux sont les porte-parole d'êtres invisibles, dont ils transmettent les volontés et dont ils sont distincts ou bien ce sont les êtres invisibles eux-mêmes, incarnés en oiseau pour être accessibles aux sens de l'homme. Les oiseaux sacrés annoncent les événements et les déclenchent aussi. On leur adresse donc des invocations et des prières, ils font l'objet d'un culte. Les oiseaux présages paraissent constituer non seulement un moyen de communication avec les esprits, mais aussi un écran qui cache aux gens la vision de leurs dieux.

Dans beaucoup de cas analogues, les intercesseurs et les messagers auxquels les nouvelles sont confiées, acquièrent aux yeux du peuple une importance démesurée. Le dieu, derrière l'oiseau présage, risque d'être oublié, et c'est l'oiseau même qui tend à devenir un objet de culte, celui auquel on adresse les prières et qui dispense les bienfaits, alors qu'il ne fait en réalité que prédire ou annoncer.

Les villageois admirent le coq, car plusieurs siècles auparavant, l'armée d'un roi iranien attaqua un village ; peu avant son arrivée, les coqs se mirent à faire du bruit, à chanter et ils quittèrent le village, suivis par les villageois. Quand l'armée iranienne entra dans le village celui-ci était vide de ses habitants. C'est pourquoi les villageois respectent le coq, il en est de même pour le hibou qu'ils considèrent en réalité comme une jeune mariée incarné en cet oiseau. Il était une fois une jeune mariée tyrannisée par une méchante belle-mère. La jeune mariée demanda à dieu de la délivrer de sa méchante belle-mère, alors dieu pour exhausser son vœu la changea en hibou. Quand le hibou hulule, la tristesse de son chant rappelle aux villageois qu'ils doivent protéger leurs jeunes mariées.

Ils considèrent les hurlements des loups et des chiens comme un signe de guerre et de migration. Ils regardent les lézards comme des espions et des émissaires, qui leur sont envoyés par le maître du royaume souterrain pour rechercher les hommes et leur annoncer leur mort. Aussi font-ils attention aux lézards. Quand ils en aperçoivent un, ils sautent sur lui avec leur couteau et le coupent en morceaux, pour l'empêcher de faire son rapport sur eux. S'il leur échappe les voilà tout désolés, ils attendent la mort à tout instant, et comme elle arrive inéluctablement leur croyance s'en trouve confirmée.

La justesse du coup d'oeil, dans l'observation des bêtes au milieu desquelles ils vivent, leur inspire une foule de fables où le serpent, le loup, le lion, l'ours et surtout le renard montrent leurs qualités et défauts légendaires de force, de lâcheté ou de ruse. On pourra apprécier leur intérêt psychologique à travers celle-ci :

Un homme cheminait. Il rencontra un serpent sous une grosse pierre d'où, immobilisé, il ne pouvait se dégager. Pris de pitié, il souleva la pierre et délivra l'animal : Celui-ci se secoua, se dressa sur sa queue et se précipita sur l'homme pour le piquer. L'homme lui dit « Serpent, mon ami, qu'est-ce que cela signifie? Je t'ai sauvé de la mort et tu veux me tuer!». Le serpent répliqua : «Ne sommes-nous pas ennemis de longue date? Je te piquerai !». L'homme eut beau faire, le serpent persistait en son dessein. Finalement l'homme lui dit «Eh bien, allons consulter une personne de bon sens!». Le serpent acquiesça et ils se mirent en route. Ils firent quelques pas et croisèrent un renard. Ils lui racontèrent l'aventure. Le renard regarda l'homme, sourit, puis il dit «C'est sur place qu'il me faut aller prendre ma décision!». Ils retournèrent donc sur leurs pas et retrouvèrent la pierre. Le renard dit à l'homme «Toi, soulève la pierre». Ce qu'il fit. Puis il s'adressa au serpent «Toi, mets-toi dessous». Le serpent s'introduisit sous la pierre que l'homme laissa retomber. Un instant passa. Le renard ne soufflait mot. Le serpent lui dit donc « Eh! renard quelle est ta sentence? J'étouffe ici sous cette pierre!» ; Et comme l'homme faisait mine de partir, le renard l'arrêta et lui dit «Une autre fois, garde-toi de soulever cette pierre! ».

Deuil

Quand un décès se produit, l'entourage revêt des vêtements de deuil noirs pour se rendre dans la famille du défunt, et y séjourne pendant trois jours. Les formules utilisées en ces circonstances reflètent la soumission à la volonté de Dieu et des souhaits de longue vie pour ceux qui restent. Par exemple ils utilisent des expressions analogues à «Sois en bonne santé! » ou «Que Dieu te réjouisse le coeur!», à quoi l'on répond : «Que Dieu t'épargne!», « Que Dieu allonge ta vie!», « Vous du moins soyez en bonne santé!». Pendant toute la durée du deuil, tout ce qui est rouge est banni de la maison et des photos représentant le défunt sont affichées au mur, Même les voisins évitent d'écouter de la musique, les hommes ne se rasent pas la barbe pendant deux semaines.

Si le mort est un homme jeune ou bien une victime de la guerre, les femmes doivent lacérer leur visage et leur poitrine de leurs ongles. L'absence de ces comportements signifie qu'elles n'éprouvent aucun regret quant à cette mort. Les femmes présentes se lamentent, geignent et expriment leur douleur à tour de rôle par des gémissements. Leur chagrin se manifeste par ces « cris étouffés ». D'autres paroles peuvent accompagner les veillées funéraires :

Ô mes yeux! Mon doux cœur ! Je suis ton Sacrifice,
Tu es mon plus doux repos, mon bonheur ; ma plus parfaite félicité
Ma maison est déserte, ma peine est proche de la folie ;
Lève-toi, lève-toi cette fois
Je suis l'objet des reproches et des calomnies des amis et des ennemis
Tristesses et souffrances sont mes compagnes de voyage;
Tourments m'oppressent sans arrêt;
Ta soeur et ta mère sont ton Sacrifice, où sont donc allés ces jours heureux, quand tu me lutinais comme une tourterelle.
Ô mon amour ! encore bien vif à mon oreille est le doux son de ta voix,
Oh! Malheureuse que je suis! Ah! que devenir à cette heure?

Tu étais mon âme et j'étais tout pour toi, Tu ne vivais que pour moi et j'étais toute en toi.
La nuit est longue, la nuit est noire. J'ai crié au coq de minuit : Je vais passer cette nuit sans sommeil ! Que le doux sommeil te prenne et tu atteindras une jolie taille, Tout le monde te rendra joyeux.

Ah ! Mon cruel ami ! O mes yeux ! Mon doux cœur ! Pourquoi m'as-tu abandonnée comme une chevrette au milieu des bois, parmi les cavernes des ours et des tigres !
Ah! mon amour barbare ! Ta sœur et ta mère sont ton Sacrifice,
Toi qui entends la voix de ma plainte, pourquoi te réjouis-tu de me voir affligée et ne te lèves-tu pas à l'instant au moins pour embrasser ta bien-aimée ?
De nuit : larmes et lamentations ; de jour : mes gémissements !
Et soudain l'angoisse me prend à cause de ta solitude.

Comment vas-tu, ô Reine des Croyants ?
Qui est ton confident, le matin et le soir ?
Dans cette sombre demeure, pleine d'épouvante et de danger, Quels sentiments éprouves-tu ?
Ô ma gracieuse!
O mes yeux ! Mon doux cœur ! Ta sœur et ta mère sont ton Sacrifice,
L'armée des chagrins m'a assailli et a pillé la caravane de mes pensées.
Les pesants soucis de mon cœur affligé sont comme des morsures de serpent qui suppurent.
La nuit, mon chevet est souillé de sang ; Un infidèle même aurait pitié de moi.
Ô étrangère que je suis! O malheureuse
O mes yeux ! Mon doux cœur !

De grâce, mon cœur, montre-toi, par cet amour dont ton sein était riche ;
Montre-toi, une fois encore, une seule fois, à mes yeux, aux larmes de celle qui t'adore. Fais qu'elle te revoie un seul instant.
Comment tant de mes soupirs ne peuvent ils réussir à ranimer ton corps !
Au moins à le réchauffer ! Ainsi qu'ils te ranimèrent tant de fois.
Tu me le disais...
Oh ! mon amour ! Je suis ton Sacrifice
Lève-toi, lève-toi cette fois seulement pour recueillir mes tristes larmes désespérées et qu'ainsi me viennent en aide ces jours languissants et dolents sans toi qui étais mon âme.

Oh ! mon amour ! Je suis ton Sacrifice,
Comment te trouves-tu ? es-tu tranquille ?
Jour et nuit, qui est ton compagnon ?
Dans ce froid de la pierre noire que sont devenus tes grains de beauté pareils à des turquoises !
Oh! mon amour ! Ta sœur et ta mère sont ton Sacrifice,
Lève-toi, lève-toi cette fois seulement,
Mes yeux étaient à toi, et maintenant je te les rends défaits par mes larmes. Cette chevelure que je soignais si bien uniquement pour te plaire, je te la redonne.
Sans toi, ô mon cher, malheureux perdu, elle m'est d'un odieux poids inutile.

Le premier repas à la mémoire du défunt est organisé le troisième jour après le décès. Tout le village y prend part, chaque famille est représentée par un de ses membres. Sept jours après le décès, le second repas a lieu, auquel sont conviées au maximum 40 personnes. Après 40 jours la période de deuil s'achève et la vie quotidienne reprend.

La première fois que l'un des paysans rêvait du défunt, sa famille sacrifiait un mouton ou un bœuf pour la joie de l'âme du décédé et pour qu'il soit bénit. La famille distribuait la viande aux paysans mais les membres de la famille n'en mangeaient pas.

La cause kurde, un choix que j'ai payé au prix fort

Après la fin de la guerre entre l'Iran et l'Irak, les affrontements entre les Peshmergas et les Pasdars s'étaient accrus. La guerre étant terminée, les Pasdars agissaient plus librement et tentaient de débusquer les Peshmergas partout. Quand ils capturaient un Peshmerga vivant, ils l'amenaient immédiatement au rond-point de la petite ville et le pendaient en public. Dans le cas où le Peshmerga trouvait la mort lors de sa capture, ils l'attachaient à une voiture avec une corde et le traînaient dans les rues. Les Pasdars n'avaient aucune pitié, même pour les vieux parents des Peshmergas. Ceux-ci les gênaient. Une fois, un paysan avait refusé de transporter les équipements des Pasdars au sommet d'une montagne avec son mulet. Les Pasdars l'avaient alors battu à mort et avaient précipité son mulet dans le vide .

Mes parents disaient toujours que les Peshmergas étaient des saboteurs qui manipulaient les jeunes et les amenaient à la mort. J'étais convaincu par ces propos sur les Peshmergas. J'avais une très mauvaise image d'eux. Après la guerre, le commandant général de *Sépah* m'avait offert une lettre de recommandation et un vélo. J'étais très fier de cette lettre et me sentais extrêmement fier de vivre dans le régime de la République Islamique. Je détestais les Peshmergas et leurs familles (que mon père appelait « les anti-révolutionnaires ») et je n'avais aucune envie de les fréquenter. Je n'adressais pas la parole à leurs enfants à l'école et je ne m'asseyais pas sur les mêmes bancs. Eux, ils m'appelaient «le fils de *Jash* ». Ce surnom me mettait en rage, je fondais sur eux et après quelques échanges de coups, d'autres élèves nous séparaient.

J'avais presque quinze ans. Un jour ma grande mère me demanda d'apporter de la nourriture à mon oncle qui ramassait des herbes dans une ferme loin du village. Il faisait nuit lorsque j'arrivai à la ferme. Je vis un grand jeune homme d'une trentaine d'années qui avait l'air fatigué et qui parlait avec mon oncle. Observant ses vêtements, je compris tout de suite qu'il était Peshmerga. Nous échangeâmes un regard de surprise mutuelle. Il me dit poliment «Bonsoir». Je ne lui répondis pas. Mon oncle vociféra : «Fils de *Jash* , il te parle, pourquoi tu lui réponds pas?». L'homme sourit et tenta de calmer l'atmosphère : « Son père est *Jash* . Lui, il est innocent. Les hommes comme son père n'ont pas d'autre choix qu'être Pasdar pour gagner leur vie». Je ne m'attendais pas à une telle capacité de réflexion de la part d'un Peshmerga, mais je le détestais quand même et je n'avais aucune envie de lui parler. Pourtant, j'étais très curieux de savoir qui étaient ces Peshmergas. Je jetai un coup d'œil furtif à son ceinturon, son fusil, sa grenade à main et son magasin qui étaient suspendus à une branche d'arbre. Après avoir dîné, il regarda sa montre et sortit une petite radio à pile de sa poche. Il l'alluma. Un hymne retentit alors. J'appris plus tard que cet hymne s'appelait *Ey Reqib* (Ô ennemi) :

Ô ennemi, la nation kurde existe toujours
Les armes d'aucun âge ne pourront l'anéantir
Que personne ne dise que les Kurdes sont morts, les Kurdes vivent
Les Kurdes vivent et leur drapeau ne tombera jamais
Nous sommes la jeunesse de la couleur rouge et de la révolution

Observez notre sang que nous déversons sur notre histoire
Que personne ne dise que les Kurdes sont morts, les Kurdes vivent
Les Kurdes vivent et leur drapeau ne tombera jamais
La jeunesse kurde s'est soulevée telle des lions
Pour orner la couronne de la vie avec son sang
Que personne ne dise que les Kurdes sont morts, les Kurdes vivent
Les Kurdes vivent et leur drapeau ne tombera jamais
Nous sommes les descendants des Mèdes et de Cyaxare
Notre foi et religion sont la patrie
Que personne ne dise que les Kurdes sont morts, les Kurdes vivent
Les Kurdes vivent et leur drapeau ne tombera jamais
La jeunesse kurde est toujours présente et prête
A sacrifier sa vie, à sacrifier sa vie
Que personne ne dise que les Kurdes sont morts, les Kurdes vivent
Les Kurdes vivent et leur drapeau ne tombera jamais

Un animateur prit la parole : « Ici la voix du Kurdistan d'Iran ». Les actualités internationales précédèrent les nouvelles du Kurdistan, puis les comptes-rendus des batailles où l'on annonçait le nombre de morts dans les combats quotidiens entre les Peshmergas et les Pasdars. Ensuite, il y eut des débats politiques sur la condition du Kurdistan. De la musique kurde entrecoupait ces émissions. A la fin, l'hymne épique des Peshmergas et quelques messages codés à destination de combattants répartis en Iran furent diffusés. L'homme écouta attentivement ces messages codés. Il semblait attendre des messages lui étant directement adressés .

Mon oncle lui posait des questions à propos des objectifs de la lutte des Peshmergas du PDKI. L'homme lui répondait patiemment. Il disait: «Notre devise est démocratie pour l'Iran et autonomie pour le Kurdistan ». Les pays démocratiques et libres nous soutiennent». Mon oncle, qui était surpris, lui demanda « Par exemple, quel pays? ». L'homme lui répondit : « La France. Bernard Kouchner nous rend visite régulièrement, il nous apporte des médicaments. Les médecins français nous soignent». Puis, il ajouta : « Moi, j'aimerais bien rester confortablement chez moi auprès de ma femme et de mes enfants, mais je préfère mourir pour la liberté de ma nation et ne pas vivre comme un pleutre sous la tyrannie des oppresseurs. Notre guide Ghassemlou [10] dit « qu'une nation qui cherche la liberté doit en payer le prix ». Puis, il argumenta : « la question kurde n'a pas de solution militaire en Iran et doit être résolue par des discussions pacifiques mais la République Islamique refuse de passer par cette voie. La seule solution est donc la lutte armée. J'ai choisi ce chemin de vie en âme et conscience et suis prêt à sacrifier ma vie pour la liberté du Kurdistan». Il questionna alors mon oncle :

- Quelle est votre réaction lorsque vous entendez la nouvelle de la mort d'un Peshmerga ?
- Nous sommes choqués et nous pleurons.
- C'est à nos mères de pleurer. Ce que vous devez faire, vous les jeunes, c'est prendre notre relève et ne plus

---

[10] Abdul Rahman Ghassemlou (1930-1989) était le chef du PDKI et le leader kurde le plus charismatique d'Iran. Il fut assassiné par des agents de la République Islamique d'Iran à Vienne, et enterré au cimetière du Père Lachaise à Paris. Pour plus d'explications veuillez vous référer au terme « PDKI », au lexique à la fin de l'ouvrage.

permettre que nous continuions à être écrasés dans le sang.
Cette nuit-là, au printemps, nous nous endormîmes à côté du feu. Le ciel était constellé d'étoiles. Elles semblaient tellement proches de la Terre que on avait l'impression de pouvoir les toucher en tendant la main. Lorsqu'on se réveilla le lendemain matin, le Peshmerga était déjà parti. Il avait repris sa route très tôt, alors que nous dormions encore. Mon oncle m'avait demandé de ne parler de cet homme à personne, particulièrement à ma famille. Sur le chemin du retour, je ne faisais que penser à ce que ce combattant avait dit. L'image de son visage calme et doux et sa personnalité pleine de dignité s'étaient gravés dans mon esprit. Cet hymne épique, «Ô ennemi», retentissait dans ma tête. Je n'avais pas encore été touché par *Kurdayeti* [11] mais quelques étincelles avaient illuminé mon esprit .
Quelques années après cette rencontre, en protestation contre le procès *Mykonos* [12], on obligea les élèves à aller dans la rue pour s'exprimer sur la condamnation de ce verdict en 1997. Le directeur du lycée m'avait donné un microphone et m'avait demandé de lire à haute voix des slogans écrits sur une feuille de papier, pour que d'autres manifestants répètent après moi. Je lui avais dit que j'étais enrhumé et que j'étais physiquement incapable de lire à haute voix. Il avait compris que j'avais trouvé un prétexte.

---

[11] *Kurdayeti* est un terme ayant une connotation nationaliste pro-kurde qui fut développé par les intellectuels modernes kurdes. Il évoque l'idée de la lutte pour la libération de la nation kurde de l'autorité des états d'Iran, d'Irak, de Syrie et de Turquie. *Kurdayeti* est l'opposé de *Jashayeti* (trahison).

[12] Pour plus d'explications à propos du procès *Mykonos* veuillez vous référer au terme « PDKI », au lexique à la fin de l'ouvrage.

Quelques jours plus tard, il m'avait convoqué et m'avait dit, en guise d'avertissement : « Tu as changé, fais attention, ne fréquente pas de personnes peu recommandables, ils risquent de te lobotomiser. Cette année, on compte sur toi pour le concours d'entrée à l'université, fais attention à ne pas te mettre dans de sales draps et ne nous déçois pas ».

En fait, cette année-là, j'avais décroché la première place parmi cinquante mille étudiants du Pays, dans un concours scientifique qui s'appelait *Ayandesazan* (Bâtisseurs de l'avenir). On avait publié ma photo dans des journaux de diffusion nationale. Tous les habitants de la région, en particulier les enseignants, me respectaient et m'appréciaient car c'était la première fois qu'un lycéen d'une région pauvre et périphérique avait réussi à dépasser les lycéens de la capitale et des villes riches. Tout le monde s'attendait à ce que je batte mon record et que j'entre à l'université en obtenant un bon classement. Or, le rang scientifique ne suffisait pas. Il fallait aussi passer un entretien et être l'objet d'une enquête de moralité idéologique [13]. Comme mon père était *Pasdar*, il était peu probable que je sois refusé au terme de l'enquête. Pourtant, j'avais peur que l'on mette des points négatifs dans mon dossier et que l'on me refuse à

---

[13] En Iran, pour entrer à l'université, tous les lycéens diplômés doivent passer un concours national, organisé le même jour dans tout le pays. Les candidats qui ont eu un parent (père ou frère) mort la guerre Iran/Irak sont admis en priorité. La "Commission nationale des tests de l'Education" attribue ensuite les spécialités à chacun, en fonction des résultats. Or, il arrive que certains candidats ayant réussi le concours se voient interdire l'accès à l'université car ils sont kurdes, ou partisans des partis kurdes où pratiquent des religions non-islamiques.

l'entretien. C'est pourquoi j'avais cessé de penser aux Peshmergas et je m'étais concentré sur l'examen d'entrée. J'avais obtenu le premier rang de ma région au concours et j'étais reçu à l'université Allameh Tabatabaee de Téhéran, pour y étudier le droit .

Quand je suis entré à l'université, je n'avais plus du tout l'intention de m'occuper de la question kurde. J'avais décidé de faire de bonnes études, de devenir juge ou avocat et de me marier, afin de mener une vie sans histoires. Grâce à un ami, j'avais fait connaissance avec un avocat très connu. J'allais chez lui trois fois par semaine. Par un certificat signé de sa main, je m'occupais de ses dossiers au Palais de justice. C'était une très bonne expérience pour ma carrière. J'ai pu me familiariser avec le système juridique iranien et me créer un réseau de plusieurs juges et avocats. L'avocat pour qui je travaillais m'encourageait à passer l'examen du barreau après ma licence et à faire mon stage à ses côtés, dans le but de collaborer avec lui par la suite, en tant qu'avocat assermenté. C'est de toute évidence ce que j'avais l'intention de faire. Je cumulais les succès et le métier d'avocat me plaisait de plus en plus. Un salaire m'avait été attribué et je devins peu à peu financièrement indépendant .

Trois évènements ont pourtant contribué à me faire bifurquer de cette voie royale que je comptais me tracer. Le premier fut la cérémonie magnifique que les étudiants kurdes avaient organisée à l'université, en hommage aux victimes du bombardement chimique de Halabja. Cette cérémonie était assortie d'une exposition de photographies prises après l'attaque. J'étais en train de regarder ces photographies. Tout d'un coup, je vis l'image d'une femme et d'un enfant que j'avais rencontrés en personne à Halabja. En observant cette image, je fus bouleversé, comme jamais je ne l'avais été au cours de mon existence. Je me mis à pleurer à chaudes larmes. Je regardais d'autres photos et essuyais mon visage. Tous les souvenirs de ce jour horrible à Halabja avaient défilé devant mes yeux comme s'il s'agissait d'un mauvais film. Je pleurais pendant presque une heure. L'image de cette femme et de son enfant innocent occupa mes pensées pendant plusieurs jours.

Le deuxième évènement ayant contribué à bouleverser ma destinée fut la violence des discriminations culturelles, politiques et sociales que perpétuait l'Etat iranien à l'encontre des kurdes. Malgré notre liberté de nous exprimer en langue kurde et de porter la tenue traditionnelle, aucun poste n'était délivré aux Kurdes. Même dans les régions où ils étaient majoritaires, on refusait les Kurdes dans les recrutements administratifs. Les étudiants kurdes avaient toujours peur de ne pas trouver de travail après leurs études. Malgré leur succès scolaire par rapport aux autres étudiants, ils n'obtenaient pas de bourse d'Etat pour continuer leur cursus à l'étranger. Ces étudiants avaient grandi dans des régions économiquement dépourvues. Pourtant, ils étaient plus avancés que d'autres étudiants dans les domaines politique, culturel et social. Ils avaient grandi dans une société pourvue d'un environnement linguistique, religieux, culturel et surtout politique très riche. Ils étaient familiers avec la musique, la poésie, la littérature et la danse. Les étudiants kurdes étaient gais et chaleureux, ils n'étaient pas dogmatiques, ils agissaient pacifiquement et ils étaient ouverts aux idées et aux religions des autres. Beaucoup d'autres étudiants n'étaient pas aussi ouverts d'esprit .

Le troisième évènement m'ayant beaucoup influencé fut l'arrestation d'Abdullah Ocalan[14]. Je n'avais jamais entendu ni le nom du PKK ni celui de son dirigeant. Quelques heures après son arrestation, les étudiants kurdes commencèrent à manifester dans toutes les universités de Téhéran. La contestation s'étendit jusqu'aux villes kurdes. A Sanandaj, avec l'autorisation du gouverneur de la province, les gens sortirent dans les rues mais la police leur tira dessus. Certains manifestants furent blessés, d'autres tués. Après un rassemblement devant l'ambassade de Turquie, malgré l'autorisation qui nous avait été accordée, je fus arrêté avec quelques autres étudiants par la police anti-émeutes. Après trois jours de garde-à-vue, ils nous relâchèrent sans poursuites, en échange d'une caution. Au cours de cette garde-à-vue, on nous demanda quels étaient nos rapports avec les Kurdes de Turquie. Ils voulaient savoir qui était le donneur d'ordres derrière l'organisation de ce rassemblement. Nous avons insisté sur le fait que ces rassemblements étaient tous spontanés et qu'il n'y avait personne à leur tête. Pendant l'arrestation, la police secrète, dans le dortoir, a fouillé mes affaires mais elle n'a rien trouvé.

Tous ces évènements me poussèrent à en savoir plus sur mon identité, en tant que Kurde. Après avoir lu quelques livres traitant de l'histoire des Kurdes, je me suis de plus en plus passionné pour la politique et l'histoire de ce peuple. Je m'éloignais peu à peu de mes idées et prises de

[14] Abdullah Öcalan (1949-) aussi connu sous le nom d'*Apo* (oncle), est le fondateur du PKK (parti des travailleurs du Kurdistan) et le plus charismatique leader kurde de Turquie, est emprisonné depuis 1999 sur l'île d'Imrali, en Turquie. Pour plus d'explications, veuillez vous référer au terme « PKK » au lexique à la fin de l'ouvrage.

position antérieures et me désolidarisais du régime iranien. J'étais avide de connaissances sur l'histoire de mon peuple. Je me posais beaucoup de questions sur l'origine des Kurdes et les raisons de leurs échecs à établir l'Etat du Kurdistan. Je trouvai la réponse à beaucoup de mes questions dans la traduction persane du livre *Le mouvement National Kurde*, de l'écrivain français Chris Kutschera. J'ai bien compris que malgré tout ce qu'on nous avait enseigné à l'école et chez nous, les partis kurdes avaient toujours lutté et lutteraient toujours dans l'intérêt de la nation kurde, pour la liberté au nom de laquelle les Kurdes avaient payé un grand prix .
J'allais tous les jours à la bibliothèque du Ministère des Affaires étrangères. J'y étudiais des livres et des journaux concernant les Kurdes. Un jour, je vis un livre qui s'appelait *Le Malheur kurde,* écrit par l'écrivain français, Gérard Chaliand. Le livre avait été traduit en anglais. Sa lecture me passionna. Je commençai à le traduire en persan. J'achevai mon travail en un mois. J'apportai alors ma traduction à Ebrahim Younessi, qui était le traducteur et l'écrivain le plus connu d'Iran. Il était kurde et avait déjà écrit et traduit plusieurs livres concernant l'histoire des Kurdes. Ma traduction lui avait bien plu. Il téléphona à son éditeur pour le faire publier. Celui-ci censura la partie du livre traitant de la situation des Kurdes en Iran après la Révolution islamique et l'envoya au Ministère de la Culture et de l'Orientation Islamique, pour obtenir l'autorisation de publication.[15] Au bout d'une année

[15] En Iran, avant qu'un livre ne soit publié, l'éditeur doit en obtenir l'autorisation en l'envoyant au Ministère de la Culture et de l'Orientation Islamique. La décision est communiquée par cette administration au bout d'un ou deux ans. L'autorisation de

d'attente, on nous opposa un refus. Je fus déçu et n'avais plus aucune envie de continuer à traduire. Ebrahim Younessi m'encouragea à persévérer et me demanda de ne pas le décevoir. Il me raconta sa vie difficile et me parla des traductions qu'il avait faites alors qu'il était en prison. Il me montra une liste comprenant vingt livres dont l'autorisation de publication avait été refusée. Il me conseilla de traduire un livre au contenu apolitique. Je me suis dès lors mis à traduire « La Culture et l'Identité Kurde », de l'anglais vers le persan. Après un an, je reçus également une réponse négative.

J'écoutais toutes les radios kurdes jusqu'au bout de la nuit. J'écoutais aussi la radio du PDKI, qui était difficile à capter à cause des brouillages, ainsi que la Voix de L'Amérique. Je les écoutais religieusement et avec enthousiasme. Ces radios me faisaient également office de cours de langue kurde. Je cherchais dans le dictionnaire les mots dont je ne connaissais pas le sens. Plus tard, grâce à un ami kurde qui soutenait le PDKI, j'adhérai sous le pseudonyme *Hawar* à l'organisation clandestine des Jeunes Démocrates du PDKI. J'étais un membre officiel et j'étais secrètement en contact avec un autre membre qui était dans le comité central. Ma tâche consistait à distribuer les journaux du syndicat des Jeunes Démocrates aux étudiants kurdes. Cette mission n'était pas sans risque. En cas d'arrestation, j'aurais pu être renvoyé de l'université et pire, être jeté en prison pendant

---

publication est rarement accordée aux livres traitant de politique ou d'histoire, en particulier ceux qui concernent les minorités. Tous les sujets se rapportant à l'Iran sont touchés par la censure. Environ 50 000 livres sont interdits de publication en Iran. Il n'existe aucune chaîne de télévision ou station de radio privée dans le pays.

plusieurs années. C'est pourquoi nous avons décidé de publier un journal universitaire de manière légale. Nous avons proposé plusieurs noms pour ce journal mais les responsables de l'université les refusèrent tous. Finalement, ils acceptèrent *Mangashaw* (clair de lune), un terme qui n'était pas du tout connoté politiquement. Il fallait traduire le journal en persan et leur montrer tous les articles et rubriques avant de les imprimer. Ils nous obligeaient à supprimer les articles qui avaient une coloration politique trop marquée. Finalement, après quelques numéros, ils décidèrent de faire arrêter la publication. Ce fut ma première expérience journalistique. Je n'avais jamais pensé à devenir journaliste auparavant .

J'avais décidé depuis longtemps de partir au Kurdistan irakien, en vue d'adhérer au PDKI, après l'obtention de mon diplôme universitaire. J'achevai mes études au bout de quatre ans, en validant ma licence en droit. J'informai alors mon contact dans le parti et lui fis part de mes intentions. Il me dit qu'il voulait me rencontrer avant que je prenne ma décision finale. Grâce à un passeur, je me rendis clandestinement à Souleymaniyeh, au Kurdistan irakien. J'y rencontrai mon contact chez l'un de ses amis. On se fit l'accolade. Après quelques heures de discussion il me dit : « L'avis du Parti est que tu restes en Iran. La vie de Peshmerga n'est pas facile, je ne veux pas que tu t'occupes de cela pour l'instant. Fais ton service militaire et deviens avocat parce qu'on aura plus besoin de gens comme toi en Iran que dans le Parti». En bref, il me convainquit de retourner au Kurdistan iranien. Il me fallait retourner à la ville de Khormal pour attendre un autre passeur, qui m'accompagnerait à la frontière, à Chuchémi. Mais il ne vint jamais. Il me restait peu de temps. Je louai une voiture pour me rendre au village frontalier. Quand on s'est approché du village, une patrouille du groupe salafiste djihadiste *Ansar al-Islam* [16] arrêta la voiture. Un homme portant une longue barbe et une courte moustache me demanda :

- Comment t'appelles-tu, toi qui t'es rasé la moustache et le barbe?

Ayant peur de le contrarier en prononçant le prénom Wirya, je lui répondis « Je m'appelle Jabar ». Il me corrigea :

- On ne dit pas « Jabar », on dit « Abduldjabar ».
- D'accord, Abduldjabar
- Où est-ce que tu vas?
- A Chuchémi
- D'où viens-tu?
- De Pavé
- Tu transportes quelque chose de particulier?
- Non, rien

Il inspecta alors le contenu de mon sac et y trouva le CD d'une chanteuse femme kurde . Il me dit :

- Et ça, c'est quoi?
- Un CD de Leila Farighi

Il me gifla et vociféra :

- Tu ne sais pas que ces trucs-là sont *harâm* (interdit en Islam)? Tu te rases et tu écoutes de la musique interdite?

Il brisa le CD devant mes yeux et me menaça :

- C'est la dernière fois que tu achètes un CD comme celui-ci, tu as compris?
- Oui, excuse-moi
- Tu payes ton impôt et va t'en.

---

[16] Pour plus d'explications à propos du *Ansar al-Islam,* veuillez vous référer au lexique à la fin de l'ouvrage.

Je repris la route et j'arrivai à Chuchémi. En payant un bakchich à un soldat à la frontière, j'étais de retour au Kurdistan iranien, à Nossoud.

Je devais faire mon service militaire.[17] A cette époque-là, un nouveau programme appelé "Agent à disposition" avait été mis en vigueur. Il concernait les jeunes gens qui avaient obtenu une licence à l'université. Après une formation militaire obligatoire de 3 mois, il était possible d'effectuer un service civil dans le domaine correspondant à ses études, au lieu de servir l'état dans des bases militaires. Ce fut mon cas. Pour ces trois mois de formation militaire, je fus envoyé dans une base de la Marine se trouvant à Sirjane, dans le sud de l'Iran. C'était l'une des bases les plus difficiles pour les jeunes recrues, l'une des plus infâmes qui n'ait jamais existé. On l'appelait « la fosse de la mort ».

Nous étions presque sept cents personnes dans cette base, au beau milieu d'un désert aride. Il faisait très chaud le jour et très froid la nuit. Le premier jour de mon service, il faisait presque cinquante degrés. On nous rassembla sous le cagnard et on nous communiqua le règlement de la base. Première injonction : « On ne demande pas *Pourquoi ?* Dans l'armée ». Il faut obéir sans poser de question. Deuxième injonction : « On entre dans cette base mais seul Dieu sait si on en ressortira vivant ou

---

[17] En Iran, le service militaire est obligatoire pour les hommes à partir de 18 ans, les étudiants bénéficiant d'un sursis jusqu'à la fin de leurs études. Sans attestation prouvant que le service militaire a bien été effectué, les Iraniens ne peuvent pas travailler, ni obtenir de passeport, ni de permis de conduire. J'ai accompli moi-même un service d'une période de 21 mois, mais depuis cette année la durée du service national est passée à 24 mois. Le solde des soldats est de 23 à 28 € par mois.

mort». Les formateurs étaient très sévères. Ils nous racontaient des histoires effrayantes de soldats morts les années précédentes, pour nous faire peur et nous inciter à obéir. Ces morts avaient été causées principalement par le venin de serpents ou de ces grands scorpions noirs qui pouvaient tuer un être humain en trois minutes.

C'était notre emploi du temps quotidien : réveil à 4h30du matin, cirage des bottes et rangement du dortoir de 4h30 à 5h, séance de sport de 5h à 6h, petit-déjeuner de 6h à 6h30, nettoyage de la base de 6h30 à 7h, marches et défilés de 7h à 10h, exercices physiques très durs de 10h à midi, déjeuner de midi à midi et demi, prière (obligatoire pour tout le monde) de midi et demi à 13h, formation moralité idéologique islamique Chiite de 13h à 15h, cours de théorie militaire et de connaissance des armes et des équipements militaires de 15h à 17h, douche et lessive de 17h à 18h. Comme il n'y avait pas assez de salles de douche, chacun se lavait une fois toutes les trois semaines. Cela engendrait toujours des conflits.

Le soir, quand on rentrait au dortoir, la fatigue faisait que l'on s'endormait très vite. On se couchait en uniforme et avec les bottes aux pieds, par peur de l'alarme nocturne. L'alarme nocturne retentissait trois fois par nuit. La première était déclenchée au début de la nuit, la deuxième à minuit et la troisième à la fin de la nuit. Après avoir entendu le signal, nous devions nous lever immédiatement, prendre notre sac à dos, enfiler nos bottes, faire la queue et se mettre en ordre de bataille. Il fallait tout faire en trois minutes. Ensuite, en chantant: « un, deux, trois, qui est vaincu? L'ennemi! A bas les Etats Unis, A bas Israël », nous devions partir dans des zones désertiques loin de la base. On y réalisait des exercices militaires, on s'exerçait au tir avec différentes armes. Les armes étaient contrôlées et on vérifiait le nombre de cartouches qu'elles contenaient. Le soldat devait récupérer toutes les douilles. S'il en manquait une, le commandant commençait par fouiller les poches du militaire incriminé, allant jusqu'à le faire se déshabiller entièrement pour trouver la balle manquante. [18]

Nous passions les vingt derniers jours de la période de formation dans de petits campements à trois occupants, au milieu du désert. La peur des serpents et des scorpions occupait nos esprits et transforma un moment que l'on s'imaginait relever de la détente, en cauchemar. La dernière semaine, nous partîmes au bord du Golfe persique, afin de se familiariser avec les systèmes de navigation des bateaux de guerre.

Après ces trois mois de formation, je fus transféré à la Cour de Justice de Kermânchâh. Mon travail consistait à visiter les prisons et à vérifier que les peines étaient bien appliquées. J'examinais les dossiers des prisonniers et je rédigeais un compte-rendu sur l'exécution des condamnations, pour le Juge d'application des peines. Ma priorité était de m'occuper des prisonniers qui étaient dans l'attente de leur condamnation ou qui restaient en prison à défaut de pouvoir payer l'amende à laquelle ils avaient été condamnés. J'allais souvent dans les prisons, j'y écoutais avec bienveillance les demandes des détenus. J'essayais autant que faire se peut de les aider, afin qu'ils soient libérés le plus rapidement possible. Par exemple, pour leur permettre de payer leurs amendes, je contactais des associations compétentes en la matière. Je demandais parfois l'annulation sous conditions de ces amendes, pour

---

[18] Le vol de cartouches est considéré comme un crime par l'armée iranienne et il est très lourdement sanctionné.

les prisonniers qui avaient déjà effectué la moitié de leur peine de prison. J'assistais en priorité les femmes et les prisonniers qui avaient moins de 18 ans. Ces derniers étaient emprisonnés dans une sorte de centre pénitentiaire fermé, qui s'appelait le « Centre de Correction et d'Education ».
Une fois par mois je suis allé à la prison centrale pour regarder la cérémonie d'exécution avec les cordes des prisonniers qui étaient des tueurs et de la Mafia. Pendant les exécutions la plupart des condamnés étaient calmes et ne montraient aucun signe de remords ni de peur de la mort sur leurs visages, mais il y avait également ceux qui craignaient la mort et qui se sont urinés sur eux-mêmes ou qui ont été anesthésiés. Ma plus belle consolation de cette époque tourmentée ce fut lorsque je contribuai à sauver la vie d'un jeune prisonnier âgé de vingt ans. Il avait tué un jeune homme de son âge lors d'une bagarre. Il avait été condamné à mort et sa peine avait été confirmée par la Cour Suprême, qui avait ordonné son exécution.[19] Je rendis visite à la famille de la victime et j'essayai de les convaincre d'accepter le prix du sang et d'accorder le pardon au jeune assassin de leur fils. J'échouai mais je n'avais pas de regrets. Le matin de l'exécution, au pied de la potence, je me mis à supplier la famille de la victime mais c'était peine perdue. Je regardai pour la dernière fois le visage du jeune homme. C'est alors que le père de la victime me prit à part et me dit : «

---

[19] Selon les lois de la République Islamique, l'assassinat prémédité est puni de mort, sauf si la famille de la victime accepte de recevoir une compensation financière appelée «Diyeh» (le prix du sang). Le prix du sang pour le meurtre d'une femme correspond à la moitié de celui d'un homme.

Rassure-toi, je ne vais pas le laisser se faire pendre, j'ai déjà décidé de lui pardonner mais je veux qu'il monte à la potence et se rende compte à quel point la mort est une chose terrible ».

Entendant cette phrase, j'embrassai la main de cet homme endeuillé et me tournai vers le tueur. Par mon regard, je fis mine de lui signifier qu'il n'y avait plus rien à faire, que c'était la fin pour lui. Il était pâle, il avait compris que sa vie allait s'achever. Il monta sur une table, un soldat lui banda les yeux et lui enfila la corde autour du cou. Il attendait l'ordre de l'officier pour tirer la table de sous les pieds de l'assassin. Après un court instant, le père de la victime se manifesta : « J'ai renoncé à mon droit de vengeance». On fit alors descendre le jeune homme de la potence et on lui donna un verre d'eau. Le père de l'assassiné s'approcha, lui asséna une forte gifle et s'en alla rapidement. Je ne sais pas dans quelle mesure j'avais influencé ce père dans sa décision mais j'étais de toute évidence soulagé que la vie d'un être humain ait été sauvée.

Pendant ces dix-huit mois, je me familiarisai avec le système juridique, les prisons et la vie des prisonniers. Cette expérience m'aura bien aidé par la suite, lorsque je fus moi-même emprisonné. Pourtant, au moment où je passais mon service militaire, je ne pensais pas un seul instant me retrouver un jour dans la même situation que les prisonniers dont je m'occupais .

Mes mésaventures journalistiques au Kurdistan Irakien

En 2003, les Etats Unis attaquèrent l'Irak et le régime de Saddam fut envoyé dans les poubelles de l'Histoire. L'entrée des soldats américains à Bagdad et le déboulonnage de la statue de Saddam, montrés à la télévision, me réjouirent comme jamais. Le Kurdistan d'Irak avait été sauvé d'une dictature sauvage et cruelle. J'éprouvais une joie intense. J'étais optimiste pour l'avenir du Kurdistan d'Irak mais je n'avais pas encore l'intention de m'y rendre. Je venais de terminer mon service militaire. J'avais l'intention de passer le concours du barreau pour devenir avocat dans ma ville .
Jusqu'à cette époque, j'avais écrit deux livres et traduit cinq autres traitant de l'histoire des Kurdes, mais aucun n'avait obtenu l'autorisation d'être publié. J'avais consacré beaucoup d'énergie et de temps pour les écrire ou traduire mais cela fit chou blanc. Suivant le conseil d'un ami, j'écrivis un article court pour un journal régional qui s'appelait *Sirwan*. Y joignant une copie de la lettre de refus du ministère de la Culture et de l'Orientation Islamique, je critiquais dans cet article la politique de la République Islamique à l'égard de la publication de livres concernant l'histoire des Kurdes. Un proche de mon père lui téléphona et lui raconta ce que je venais de faire. Ce soir-là, j'étais rentré chez moi avec un exemplaire du journal. Ma mère était distante. Mon père contrarié n'avait pas répondu à mes salutations. C'était la première fois que je voyais mes parents si froids. Je me

changeai. Je voulus aller dans la cuisine pour apporter du thé, quand tout d'un coup mon père cria :
« Tu as perdu la tête ? Pourquoi tu agis comme ça ? Pourquoi tu te mets dans cette situation ? Tu ne penses pas à ton avenir ? Tu ne veux pas te marier ? Tu ne veux pas trouver un métier ? Tu penses que tu as été élevé pour faire n'importe quoi ? J'ai beaucoup souffert pour te créer une bonne vie, pour que tu arrives là où tu es. Tu écris n'importe quoi pour gâcher tout ce que j'ai fait pour toi ? Tu veux que la République Islamique m'emmerde ? Qu'est-ce qu'ils ont fait les Kurdes pour toi ? Qu'ils aillent se faire foutre ! Qui t'a lobotomisé ? Ces Kurdes ont mené à la mort des milliers de jeunes comme toi. Si tu t'entêtes à les suivre et ne deviens pas raisonnable, tu ne pourras plus revenir dans cette maison. Moi, j'ai déjà assez de problèmes, je ne peux pas en plus me mêler de problèmes qui concernent l'Etat. Je veux crever la main sur le cœur. Toi, réfléchis et vis ta vie paisiblement. Si tu ne veux pas, pas de problème, occupe-toi des Kurdes mais laisse-nous tranquille. Tu as bien compris ? Que je suis bête de m'être réjoui d'avoir élevé un fils ! J'aurais préféré être stérile ».
Ensuite, il leva les mains vers le ciel et implora à haute voix : « O Dieu, qu'est-ce que j'ai fait de mal pour que tu me donnes un tel fils ? Tu n'aurais pas pu me donner une fille sage à la place ? ». Puis, il me jeta un regard plein de colère. Ce fut la toute dernière fois que ses yeux se posaient sur moi.[20] Il entra dans une chambre et claqua la porte. Ma mère restait silencieuse, elle avait le visage tourné vers le sol, les larmes aux yeux .

---

[20] Depuis ce jour, le 18 septembre 2004, je n'ai jamais revu ma famille, pas même mes parents. Mon père est mort en 2013.

Je montai dans ma chambre et m'allongeai. Je me mis à penser. J'analysais tous les choix qui se présentaient à moi. J'en vins à la conclusion qu'il serait mieux de quitter ma famille et de partir au Kurdistan irakien. J'emportai environ cent dollars, que je mis dans un sac avec mon passeport et le CD-rom contenant les fichiers des livres que j'avais écrits et traduits. Il était cinq heures du matin lorsque l'alarme de mon réveil me tira de ma torpeur. J'ouvrai discrètement la porte et jetai un coup d'oeil au salon pour la dernière fois. Ma mère apparut alors que j'étais en train de boucler les lacets de mes chaussures. Elle me demanda avec inquiétude : « Tout va bien ? Où est-ce que tu vas de si bon matin ? ». Je ne levai pas la tête et ne répondis pas. Elle me confia : « Après ce qui s'est passé hier soir, j'ai fait un cauchemar, je me suis réveillée et je suis venue te voir, je n'arrive plus à dormir. Mon cœur me dit que tu ne rentreras jamais».

Ces paroles me mirent les larmes aux yeux. Je levai la tête et l'embrassai pour la dernière fois, puis je partis sans un mot. Je ressentais un grand déchirement : j'étais sur le point de quitter ma ville et laisser cette rue, les voisins, tous ces souvenirs... L'idée que j'étais en train de passer les derniers instants de ma vie dans ma ville natale me submergeait d'émotion. Je pleurais.

Il était environ quinze heures lorsque j'arrivai au premier poste de contrôle du Kurdistan irakien. Dès que je vis le drapeau du Kurdistan, je fus très ému. Je pressai le pas, je me mis à genoux devant le drapeau et je l'embrassai. [21]Après avoir reçu un visa d'entrée de dix jours, je me

[21] Le drapeau du Kurdistan est interdit en Iran, en Turquie et en Syrie. L'accrocher à l'intérieur de chez soi est également un délit.

rendis à Souleymaniyeh et j'appelai mon contact au PDKI, avec qui je correspondais depuis plusieurs années. Je lui annonçai que j'étais au Kurdistan irakien et que je voulais le rencontrer. Il s'en réjouit et me dit qu'il allait m'envoyer une voiture pour venir me chercher. Vers huit heures du soir, j'arrivai dans un bureau du parti. L'endroit ressemblait à un camp militaire. Il se trouvait à côté d'un village du nom de Dégaleh, près d'Erbil, capitale du Kurdistan irakien. J'étais vraiment heureux : je n'arrivais pas à réaliser que j'étais auprès des Peshmergas, ceux-là même que je détestais autrefois et que je ne voulais rencontrer à aucun titre.

Mon contact arriva. Nous nous fîmes l'accolade et nous partîmes chez lui. Sa femme nous accueillit avec entrain et nous servit rapidement le dîner. Malgré ma fatigue, nous discutâmes jusqu'à cinq heures du matin. Je restai trois jours chez lui. Comme je ne connaissais pas bien la vie quotidienne au Kurdistan irakien, il me donna des informations concrètes. Il me conseillait avant toute chose de choisir un surnom et de ne pas révéler ma véritable identité aux partis kurdes opposés à la République Islamique d'Iran. Il m'enjoignait également à n'apparaître sur aucun document vidéo, photo ou audio, qui pourraient me trahir. Je choisis donc autre surnom et j'oubliai à jamais mon véritable prénom. Ce conseil me sauvera la vie plus tard .

Je me rendis à Erbil, au département des publications du Ministère de la Culture du KRG.[22] J'y relatai l'épisode de l'interdiction de publication de mes traductions en Iran et

[22] Pour plus d'explications sur le terme KRG (gouvernement régional du Kurdistan), veuillez vous référer au lexique à la fin de l'ouvrage.

leur demandai de publier mes livres en kurde. On me présenta au directeur de la maison d'édition Mukeryani. Le jour suivant, je partis le voir à son bureau. Il m'accueillit chaleureusement et me dit qu'il lui fallait voir mes livres et qu'il me répondrait une semaine plus tard. Après trois jours, il m'appela et il me dit avec enthousiasme : « Votre manière d'introduire vos sujets me plaît, nous avons besoin de traducteurs comme vous. ». Il me promit de publier tous mes livres dans les plus brefs délais. Il tint sa promesse. Je lui suis encore redevable de mes succès. Il m'a soutenu et m'a beaucoup encouragé. Au fur et à mesure, j'ai fait connaissance avec des intellectuels et des politiciens kurdes. Ils m'aidèrent de toutes leurs forces.

Après quelques mois, je commençai à travailler pour les journaux. Je devins membre du syndicat des journalistes du Kurdistan. Ma première mission fut de réaliser un reportage sur le PJAK,[23] groupe qui venait d'être fondé et dont le bastion se trouvait dans les montagnes de *Qandil*.[24] Avant d'arriver dans la région sous contrôle du PJAK, je choisis un autre surnom et j'essayai de ne laisser aucune trace de mon identité. Je prenais tout cela très au sérieux : je m'apprêtais à entrer en contact avec un groupe qui menait une lutte armée contre la République Islamique d'Iran. Cette lutte avait engendré des pertes humaines. Je devais bien veiller à ce que personne ne connaisse ma véritable identité, sinon ma vie serait en danger et ma famille risquerait d'avoir des problèmes en Iran. Je fus

---

23 Pour plus d'explications sur le terme PJAK, veuillez vous référer au lexique à la fin de l'ouvrage.

24 Pour plus d'explications sur le terme *Qandil* , veuillez vous référer au lexique à la fin de l'ouvrage.

très étonné lorsque je vis pour la première fois les insurgés de Qandil et les militants du PJAK. J'étais arrivé dans mon paradis perdu. Je n'arrivais pas à croire que je voyais enfin de mes propres yeux tout ce que j'avais lu dans les livres ou vu à la télévision. J'avais l'impression d'être dans un autre monde.

Les chasseurs turcs bombardaient Qandil quotidiennement. Les Pasdars iraniens tiraient également au canon et envoyaient des obus pendant la nuit, de minuit à six heures du matin. Les vraies victimes de ces bombardements étaient les paysans qui ne prenaient pas part aux combats, notamment les femmes et les enfants. Les militants du PJAK n'étaient pas du tout affaiblis par ces opérations militaires, ils étaient rompus à la guérilla. Ce qui avait attiré mon attention en premier lieu, c'était le fait que tous les membres de PJAK étaient logés à la même enseigne, qu'il s'agisse du simple guérilléro, du commandant ou des membres du Comité des commandants. Ils dormaient dans le même dortoir, s'habillaient de la même manière et mangeaient les mêmes repas. A première vue, personne n'aurait pu distinguer un simple milicien d'un commandant. Presque quarante pour cent des superviseurs politiques et plusieurs commandants militaires appartenaient à la gent féminine. J'étais agréablement surpris de voir qu'une fille pouvait assurer le commandement d'une cinquantaine d'hommes et j'étais fier de la richesse d'une culture dans laquelle étaient inculquées aux filles la valeur du courage, et la force du savoir .

Je voulais voir de mes propres yeux comment les personnes impliquées dans la guérilla vivaient et préparer un reportage à ce sujet. J'en parlai au responsable du bureau politique du PJAK. Il refusa catégoriquement. Les

raisons de ce refus étaient que nous courions le risque de tomber sur des Pasdaran en chemin et la probabilité que je me fasse capturer, voire tuer, en cas de mauvaise rencontre, était grande. Il argua du fait que je n'avais pas reçu de formation militaire, je serais un fardeau pour les autres membres du groupe. Donc je lui proposai d'effectuer une formation. Il me donna son accord mais me fit savoir que la décision serait prise en dernière instance par le comité central. Quelques jours après, on me donna une réponse positive.
Après la venue de la première neige d'hiver, je suis arrivé au centre de formation militaire et politique du PKK, qui était juché au sommet d'une haute montagne difficile à gravir. Il y avait là quelques cent cinquante jeunes Kurdes (40% féminin) qui venaient d'Iran, de Turquie, de Syrie et d'Irak. Il y avait également des Kurdes de Géorgie, du Kazakhstan et de Russie, et même quelques kurdes qui sont nés en Europe. Ils étaient tous là pour effectuer leur formation politique et militaire afin de rejoindre le PKK. Notre journée se déroulait comme suit: réveil à 5h, sport (avec un mètre de neige) de 6h à 7h , petit-déjeuner de 7h à 8h, cours de politique de 8h à midi, déjeuner de midi à 13h, instruction militaire de 13h à 16h et enfin, de 16h à 17h, avait lieu une réunion au cours de laquelle les discussions étaient libres; on y évoquait les réalités quotidiennes et cela donnait l'occasion de faire part de propositions ou de critiques. Tout à la fin, des slogans étaient scandés par le groupe : « Victoire! Victoire ! Vive la lutte ! Guide Ocalan, avec vous jusqu'à la mort! ». Le cours de politique traitait de l'histoire du Kurdistan, l'histoire du PKK, de la culture kurde, des femmes et de la liberté, du socialisme, de la justice sociale et de l'écologie. Les sources principales de toutes ces

informations étaient des livres de Ocalan. Le soir, il y avait des cours de langue kurde et des cours de danse et de chant.

Chaque jour, une personne à tour de rôle devait préparer le pain et le repas pour tous les membres de centre puis laver la vaisselle. Tous les jours le programme du repas était pareil : un repas traditionnel kurde pour le petit déjeuner, du riz et des haricots rouges pour le déjeuner et une soupe pour dîner. Il n'y avait pas de viande ni de dessert. Dans le groupe, chaque trois ou quatre personnes mangeaient dans une même assiette ou un même bol et devaient manger debout. Une fois par semaine, la baignade était obligatoire pour tout le monde. Avec le bois, on chauffait l'eau dans des barils puis on jetait l'eau avec un bol sur notre corps. Mais il fallait se doucher très vite car il faisait si froid que l'eau devenait rapidement glaciale. Comme il n'existait aucun endroit aménagé en cabinets pour trouver l'eau nécessaire à la toilette, il fallait soit se rendre à la rivière qui se trouvait à 10 minutes de marche, soit utiliser de la neige. La simple satisfaction de nos besoins naturels devenait une tâche très laborieuse. Porter un blouson ou des vêtements chauds était défendu. Il était également interdit de garder de l'argent dans sa poche. Mais j'ai réussi à cacher de l'argent dans mon sac pour le jour où j'en aurai besoin. Tous comportements amoureux étaient prohibés. Dans le cas où un garçon et une fille s'engageaient dans une relation amoureuse, on exilait le garçon au loin.

La nuit nous dormions à dix dans une pièce en pierre. On était complètement dissimulés pour que les chasseurs turcs ne trouvent pas notre base. Toute la nuit être gardien pour une heure était obligatoire. Une fois par mois on avait droit de descendre la montagne et visiter la clinique du PKK; son directeur était la doctoresse Médya, une dame originaire d'Allemagne. Un jour pendant l'éducation militaire, les chasseurs turcs bombardèrent le côté gauche du centre qui était le dortoir des femmes, et détruisirent tout; une jeune fille qui était malade et qui était restée dans cette pièce a été tuée. Nous passâmes trois jours dans le froid et la neige pour reconstruire un nouveau dortoir pour les femmes.

Parfois, certains membres tentaient de fuir les montagnes. Or, comme ils ne connaissaient pas bien la région, ils étaient repris et ramenés au centre. Ils étaient alors mis en examen pendant plusieurs jours, puis passaient pendant plusieurs heures devant une cour, en présence de tous les membres du centre. Ils étaient enfin graciés et étaient autorisés à rejoindre le groupe.

Après la formation de trois mois, on envoyait la majorité des combattants dans la branche militaire du PKK (HPG). Les combattants qui étaient déjà membres des organisations secrètes du PJAK, qui étaient suffisamment instruits, pouvaient parler anglais ou connaissaient les outils informatiques étaient, quant à eux, envoyés dans le PJAK. Je suis rentré dans le PJAK et j'ai insisté auprès du Chef pour accompagner un groupe et aller au Kurdistan iranien. Il me donna finalement son accord.

Environ une semaine plus tard, à la fin du premier mois du printemps, je rejoignis un groupe de sept personnes, cinq garçons et deux filles, armés de kalachnikovs, de grenades et de mitrailleuses lourdes BKC. Emportant des tranches de pain et du fromage, nous nous mîmes en route de très bonne heure. Nous traversâmes la frontière entre le Kurdistan de l'Irak et l'Iran. En arrivant au Kurdistan iranien, on se posta dans une étroite vallée, afin d'attendre que le soleil se couche et qu'il fasse assez sombre pour qu'on puisse entrer discrètement dans le premier village, qui était à environ un kilomètre de là. On faisait tout notre possible pour ne pas attirer l'attention de la population. Autrement, on risquait d'être découverts et de tomber dans une embuscade des Pasdars.

Lorsque la nuit tomba, on se faufila dans le village avec grande prudence. On marchait à quelques mètres les uns des autres, en file indienne. On suivait le commandant du groupe, qui connaissait bien le village et la région. On arriva dans une rue et on tapa à la porte d'une maison. De derrière la porte, une femme demanda qui était là. Le commandant lui répondit d'une voix calme que nous étions des visiteurs de passage. Une dame d'une cinquantaine d'années ouvrit la porte. En voyant nos visages à moitié dissimulés et nos armes, elle comprit qui nous étions. Son visage s'illumina et elle nous dit avec bienveillance : « Vous devez être des Peshmergas. Je vous en prie, entrez, faites comme chez vous. » L'un des membres du groupe se posta devant la porte pour faire le guet et nous entrâmes. On retira nos ceintures de munitions et on se lava les mains et le visage. La femme apporta du thé avec empressement. Elle nous dit que son mari était parti chez sa mère et qu'il allait rentrer d'une minute à l'autre. Il rentra après notre dîner et nous souhaita la bienvenue. Il se tourna vers moi et me lança, d'un ton enjoué :

- Eh le mec à lunettes, pourquoi tu veux troquer tes lunettes et ton stylo contre une kalachnikov? Pourquoi tu ne vas pas suivre tes cours et compléter ta formation ?

Je restai silencieux, curieux d'entendre la suite. Sa femme lui coupa la parole :

- Qu'est-ce que tu nous fais mon bonhomme ? Ce sont des invités ! Tu ne vois pas qu'ils sont épuisés ?

L'homme avala une gorgée de thé et dit :
- Vous, vous êtes jeunes. Vous êtes émotifs et naïfs. Vous pensez vraiment pouvoir renverser le régime Islamique avec une vieille kalachnikov ? Même l'Amérique, avec toute sa puissance, n'ose pas attaquer ces mollahs ! Le Komala et le PDKI n'ont-ils pas essayé d'agir avant vous ? Quel résultat ont-ils obtenu ? Rien du tout ! .
La femme lui rétorqua, sur un ton grave :
- Ce bout de terrain que nous avons c'est grâce à PDKI. Si les médecins du Parti n'avaient pas été là, qui nous aurait soignés ? [25] Ils mettent leur vie en danger pour nous, pour nos droits à nous, les Kurdes. Toi et moi, on est assis confortablement à la maison. On dort bien au chaud l'un contre l'autre, pendant qu'eux ils dorment dans des tranchées, sur des cailloux.
Il lui répondit avec un ton sarcastique :
- Tu veux dire qu'eux, dans les montagnes, ces jolis garçons et filles, ils ne dorment pas l'un contre l'autre ? Ce sont des anges qui ne cèdent pas à la tentation ? Ce sont des êtres humains comme nous mais Satan ne les pousse pas à la tentation ? Je ne donnerai jamais la permission à ma fille de dormir sous la même couverture qu'un garçon inconnu, même si ça pouvait permettre à tout le Kurdistan d'être libéré !
On éclata tous de rire, avant de céder la place au silence. On fit des tours de garde toutes les trois heures, jusqu'au petit matin. Avant le lever du soleil on sortit du village.

---

[25] Après la Révolution islamique, le PDKI, dans les territoires sous son contrôle, s'empara des terres agricoles des propriétaires et les redistribua aux villageois. Les médecins d'Aide Médicale Internationale (A.M.I), pour la plupart français, étaient aux côtés des Peshmergas et soignaient les villageois.

La femme nous avait donné un sac plein de pain et de noix. On se déplaça pendant toute la journée en étant constamment sur nos gardes. Plus on s'éloignait de la frontière, plus la probabilité de tomber dans une embuscade des Pasdars augmentait. Après avoir traversé plusieurs villages, nous étions épuisés. A la tombée de la nuit, on frappa à la porte d'une maison. Une dame nous ouvrit et, le visage marqué par la surprise et la crainte, nous invita à entrer. Alors que nous nous apprêtions à entrer dans la maison, son mari se posta devant nous et dit :

« Avec tout le respect que j'ai pour vous et votre mission, je ne peux pas vous autoriser à passer la nuit ici. Le village grouille des *Jashs*. Ils vous ont certainement repérés et en ont informé les Pasdars. S'ils vous trouvent chez moi, même si j'ai une femme et un enfant, ils n'auront aucune pitié : ils mettront le feu à la maison. C'est ce qui s'est passé dans le village voisin. La seule aide que je peux vous apporter, c'est de vous laisser utiliser ma cabane qui se trouve en dehors du village. Allez-y, prenez la clé qui se trouve sous la pierre devant la cabane et passez-y la nuit. Remettez la clé là où elle était après votre départ. Vous pouvez allumer un feu de bois et manger des châtaignes. »

On se dirigea vers la sortie du village sans entrain et, en suivant les indications que l'homme nous avait données, on trouva son jardin et la cabane, dans une fosse très étroite. On alluma rapidement le fourneau à bois et, affamés que nous étions, on fit griller les châtaignes et on les mangea. Le commandant nous donna ses instructions pour la nuit : « Je serai le premier à monter la garde en haut. Dans deux heures, quelqu'un viendra à ma place pendant deux heures, et ainsi de suite ». Je fus le tout dernier à monter la garde. Croulant sous la fatigue, j'avais du mal à ne pas fermer l'oeil. Le jour commençait à se lever. Je fus tiré de ma torpeur par une voix d'homme, qui cria : « Oh les gens du PJAK, vous êtes encerclés ! Rendez-vous ! ». Confus et paniqué, je me mis à fuir vers la cabane. Les autres membres du groupe en étaient sortis, ameutés par la voix.

Le commandant nous dit que les Pasdars n'avaient pas l'intention de nous affronter de face, mais de nous attaquer à l'improviste, et que nous étions en mauvaise posture. En cas de confrontation immédiate, nous serions tous tués. Il fallait s'extirper discrètement de cette étroite cuvette. Sans faire de bruit, on traversa tous les jardins, les uns après les autres, et on arriva au sommet de la colline qui les surplombait. J'étais essoufflé et mon cœur battait la chamade mais le fait de savoir que, d'après le commandant, ils ne nous attaqueraient pas frontalement, me rassurait. Alors que nous n'étions pas encore hors d'atteinte, on entendit un coup de feu, puis le bruit de l'un des camarades qui s'effondrait. Cela nous pétrifia. Nous pensions que les Pasdars lui avaient tiré dessus. Or, un autre camarade du groupe était en larmes, gémissait et se frappait la tête. On comprit alors qu'il avait perdu le contrôle de ses mouvements et avait tiré involontairement dans la tête du malheureux qui s'était effondré.

C'était un spectacle terrible, extrêmement douloureux. D'un côté, il y avait cet ami qui baignait dans son sang et avait rendu l'âme. De l'autre, une personne qui ne réalisait pas ce qu'elle avait sous les yeux, qui restait prostrée devant le corps de cet ami qu'elle avait tué involontairement de ses propres mains. Nous étions bouleversés par la vision de la dépouille de notre camarade mais nous devions rester vigilants. Bien que nous étions loin de la portée des tirs des Pasdars, la crainte qu'ils ne nous attaquent était omniprésente. Nous avions sous les yeux une scène si tragique que de simples mots ne pourraient la décrire. Deux camarades portaient le cadavre ensanglanté, que nous hissâmes tant bien que mal jusqu'au sommet de la colline. Le commandant nous assura que nous étions suffisamment loin des Pasdars mais craignait que ceux-ci nous eussent suivis. Nous n'avions aucune alternative. Nous ne pouvions pas emporter le corps avec nous, il fallait l'enterrer sur place. Nous reviendrions le chercher plus tard, lorsque l'occasion se présenterait. On s'attela à la funeste besogne. On creusa un trou peu profond, on y déposa le corps et on le recouvrit de quelques centimètres de terre. Même si l'enterrement de la dépouille nous avait allégés physiquement, un fardeau d'une autre nature pesait sur nous : l'esprit de notre malheureux camarade, assassin malgré lui, était ailleurs. Il ne pouvait s'arrêter de pleurer. Il fumait cigarette sur cigarette. Même si nous lui avions pris son arme, nous craignions qu'il ne nous la subtilise à un moment opportun et tente de mettre fin à ses jours.

Nous étions à environ quarante kilomètres de la frontière. Continuer notre route dans ces conditions n'était pas chose aisée. Le commandant nous dit qu'il fallait retourner à *Qandil*. Nous étions tenaillés par la faim mais nous n'avions pas le courage d'entrer dans un village. En effet, le risque de tomber dans une embuscade des Pasdars était très élevé. Après avoir marché pendant plus de huit heures sur des chemins détournés éloignés des zones habitées, on arriva à la première base du PKK de *Qandil*, aux alentours de minuit. On dîna et on partit dormir. Le lendemain matin à dix heures, on assista à la cérémonie d'enterrement de deux militantes. Ces deux filles étaient animatrices sur la station de radio « La Voix de la Guérilla » et avaient trouvé la mort deux mois auparavant, en revenant d'une clinique du PKK. Elles avaient été emportées par une avalanche et leurs cadavres étaient restés ensevelis au même endroit jusqu'à la fonte des neiges.

Je me rendis plusieurs fois à *Qandil* pour réaliser des reportages sur les postes du PJAK et devins peu à peu un ami en qui ils avaient confiance. Je m'habillais comme eux, je mangeais avec eux et dormais à leurs côtés. Je circulais librement dans la région de *Qandil* et participais à toutes les cérémonies et réunions. C'est pourquoi les journalistes étrangers et les paysans, ainsi que certains membres du PJAK eux-mêmes, me prenaient pour un combattant. Je ne disais jamais mon vrai nom et ne laissais personne me prendre en photo ou enregistrer ma voix.

A cette époque-là, l'éventualité d'une attaque des Etats-Unis contre l'Iran était sur toutes les lèvres. Je faisais partie de ceux qui se préparaient à retourner en Iran en cas de changement de régime. Les combats opposant le PJAK et la République Islamique d'Iran avaient attiré l'attention de la presse internationale. En un mois s'étaient rendus dans les bastions du PJAK une vingtaine de journalistes, envoyés par de célèbres journaux américains tels que le *Washington Post,* le *Washington Times,* le *New York Times, Atlantic,* des organes de presse ayant une grande influence sur l'opinion publique internationale. Ils publièrent de nombreux reportages assez complets sur la lutte du PJAK et ses objectifs. Ma tâche principale était de faire l'interprète entre les commandants du PJAK et ces journalistes. Ils étaient surpris de voir la façon de vivre et de lutter des

combattants. Ce furent les combattants de sexe féminin qui suscitèrent le plus leur curiosité. On ressentait une sorte de regard bienveillant chez ces journalistes.
Faire connaissance avec eux a été pour moi une riche expérience, qui m'a beaucoup aidé à progresser dans le métier de journaliste. J'entretiens toujours des correspondances amicales avec certains d'entre eux. Comme je portais toujours le même vêtement que les combattants et traduisais les questions des journalistes pour les commandants, certains de ces reporters pensaient que j'étais le porte-parole du PJAK. Ils firent référence à mes paroles dans certains de leurs reportages, en me présentant comme le porte-parole du groupe. Ces reportages attirèrent l'attention du Congrès des Etats Unis. Après des débats et rapports circonstanciés, les membres du Congrès écrivirent une lettre à George Bush, dans laquelle ils lui demandaient d'entrer en contact avec le PJAK et lui accorder un soutien politique et militaire. George Bush ne répondit pas à la requête du Congrès et n'envoya aucune aide au PJAK. Malgré tout, j'étais fier de jouer un petit rôle dans la présentation des tenants et aboutissants de la cause kurde à la communauté internationale.
Les bombardements turcs et iraniens redoublaient d'intensité. Par crainte de l'artillerie iranienne, on partait de nuit dans les forêts entourant le poste de garde et on y restait par groupes de deux ou trois, éloignés l'un de l'autre. Une nuit, Il pleuvait, un jeune homme de vingt ans avait marché sur un serpent, qui l'avait alors mordu. Une fille avait rapidement ouvert la blessure avec un couteau et avait extrait le poison en l'aspirant avec sa bouche. L'homme allait de plus en plus mal. J'enlevai mon écharpe et avec l'aide de la fille, je l'appliquais sur la

blessure. Je donnai le fusil du jeune homme à la fille, je pris le blessé sur mes épaules et me mis en route vers le village de Razgé, qui était à quelques centaines de mètres de là. J'avais l'intention d'emprunter la voiture de l'un des paysans, afin d'emmener le blessé à la clinique qui se trouvait dans un autre village plus loin. A cause de l'intensité des bombardements, je dus me coucher au sol plusieurs fois, avant de reprendre mon chemin. Parcourir cette distance si courte m'avait pris une demi-heure. Les paysans effrayés s'étaient réfugiés dans les abris qu'ils avaient préalablement creusés à côté de chez eux. Ils n'osaient pas en sortir. Le tir d'un canon heurta une écurie se trouvant devant une maison. Un mouton et une chèvre étaient couchés l'un sur l'autre, blessés. Un mouton atteint par un impact se tordait de douleur en gémissant. Je frappai à la porte de plusieurs maisons, mais personne n'ouvrait. Sans autre choix, je repris de nouveau le jeune homme sur mes épaules et me dirigeai vers la clinique. Les tirs des canons se faisant moins fréquents, je pressais le pas. Je ne pensais qu'à amener cet homme le plus rapidement possible à la clinique. J'avais tenté de m'assurer plusieurs fois qu'il était conscient en l'appelant, mais je n'avais pas entendu le son de sa voix. Je pensais alors qu'il était évanoui. Au bout d'une heure de marche, j'arrivai à la clinique. Le médecin examina le blessé. Après avoir observé minutieusement ses yeux et lui avoir pris le pouls, il m'annonça qu'il était mort. Je n'oublierai jamais son visage jeune et innocent. Je me sentais coupable malgré mes efforts .

Je me lavai le visage et les mains. Je pris un dîner léger et m'endormis, abattu par la fatigue. Le lendemain matin, accompagné d'une fille qui s'appelait Zozan, j'enveloppai le cadavre du jeune homme dans le drapeau du PJAK et

on l'enterra dans un cimetière, à quelques centaines de mètres de la frontière iranienne. On s'était à peine éloignés du cimetière que le bombardement reprit. Nous n'y prêtions pas grande attention et continuions notre chemin. Après une minute, des tirs de canons, des obus et des rockets de katyuchas nous tombèrent dessus comme la pluie. Nous étions en mauvaise posture. Nous ne pouvions ni retourner dans le cimetière, ni atteindre les gros rochers qui étaient au-dessous de nous. Nous nous sommes cachés sous un petit rocher qui se trouvait à quelques mètres. Nous avons pu nous cacher seulement de la tête jusque la taille. Se mettant volontairement à découvert, la fille me laissa de l'espace. La moitié de son dos était hors de l'abri. Le bombardement redoublait de fureur, seconde après seconde. Nous étions convaincus que les Pasdars avaient identifié notre position et nous attendions à ce que le coup de canon suivant heurte le rocher. Nous nous sommes regardés et en guise d'adieu, chacun tourna la tête sans rien dire.
C'était la première fois que je ressentais la peur de la mort. Je faisais le décompte des dernières secondes de mon existence. J'étais certain que le tir de canon suivant allait disloquer mon corps en mille morceaux. J'étais envahi d'un sentiment étrange. Je regrettais d'être pris au piège par la mort si facilement. Je me disais qu'il était injuste de mourir aussi jeune. Je pensais seulement à ma mère et la voyait passer de vie à trépas à l'annonce de ma propre mort. J'appelai Dieu et lui demandai du fond du cœur de m'accorder une nouvelle chance. Alors que j'étais plongé dans ces questions existentielles sur la vie et la mort, le bombardement s'interrompit pendant quelques instants. Je voulus sortir de l'abri mais la fille m'en empêcha « Ne bouge pas ! ». D'autres rockets katyushas

s'abattirent alors dans les environs et le bombardement se tut. Après une minute, Zozan me prit par la main et nous nous mimes à courir vers les rochers. On reprit haleine et on se mit à attendre. Le pilonnage reprit son cours mais nous étions à l'abri. Nous ne courions plus aucun risque. Lorsque le bombardement s'arrêta complètement, nous partîmes vers le village de Souradé.

Nous y arrivâmes à quatre heures de l'après-midi. Plusieurs tirs de canons avaient touché des terrains à la périphérie du village et avaient creusé des cratères d'un mètre de profondeur. Lorsqu'on arriva dans le village, un tableau pathétique se dessinait devant nos yeux. Un tir avait heurté une maison en pierre et l'avait détruite. Les paysans apeurés essayaient de sortir le corps d'un homme qui était sous les débris. Sa femme et sa fille, toutes deux jeunes et belles, étaient en larmes. Je partis les aider. Après quelques minutes, on retrouva le cadavre couvert de sang et on le sortit des décombres. On l'amena à la mosquée du village. Après l'avoir lavé, on l'enveloppa dans un linceul et on l'enterra dans le cimetière pendant la nuit. Je m'attendais à une réaction hostile et violente de la part des paysans. La République Islamique d'Iran les bombardait, leurs maisons avaient été détruites et plusieurs habitants étaient morts à cause des camps du PKK et du PJAK, dont nous étions les partisans. Contre toute attente, ils nous traitèrent avec respect. Lorsque je présentai mes condoléances à la femme du défunt, elle m'embrassa sur la tête et me dit : « Nous vous sommes redevables. Mon mari était âgé, mais vous, vous êtes jeunes, je souhaite que vous restiez en bonne santé et que vous arriviez à vos buts, j'en fais la demande à Dieu ».

Ce fut le moment de dire adieu à Zozan. Avant de se quitter, elle me dit «J'enseigne le kurde dans le comité de la langue et de la littérature qui se trouve dans la vallée à côté du village ». Je la remerciai du fond du cœur de m'avoir sauvé la vie. Elle me répondit « Il n'y a pas de quoi ». Elle me dit qu'elle avait apprécié mon courage pendant le bombardement. De retour à Erbil, j'étais une autre personne. Je pensais chaque jour à ce bombardement iranien. Le dévouement de cette fille devenait une obsession, je lui devais la vie. J'ai toujours pensé que si elle n'avait pas été là, je n'aurais pas survécu. Son visage et sa voix étaient omniprésents dans mon esprit et je ressentais comme une forte proximité avec elle. J'avais très envie de la revoir. Quelques semaines plus tard, j'allai à *Qandil*. Je me rendis tout droit au comité de la langue et de la littérature. Mon cœur faillit s'arrêter lorsque je la vis. Elle me paraissait extrêmement belle. Je me contrôlais et faisais mine d'être indifférent à sa beauté. Je lui dis : «J'aimerais assister à un cours de langue kurde kurmanji[26] dans votre comité ». Elle fit une mine réjouie et me répondit : « Je n'y vois personnellement aucun inconvénient, mais sans l'aval du comité des guides du PKK, je ne peux pas donner mon accord ». J'écrivis donc une lettre au comité, dans laquelle j'exposais mes motivations. Je n'avais pourtant que peu d'espoir de recevoir une réponse positive .

---

[26] Le Kurmanji, l'un des deux principaux dialectes officiels kurdes, s'écrit avec les lettres de l'alphabet latin. Environ 60 % des Kurdes du monde entier parlent ce dialecte mais le Sorani est le plus riche et le plus important dialecte kurde. Il y a d'autres dialectes kurdes : l'Hawrami (Gorani), le Zazai, le Kalhori et le Laki. Les différences culturelles et géographiques entre dialectes kurdes furent un des obstacles à surmonter pour parvenir à l'unité du mouvement national kurde.

Trois jours après, on vint me chercher et on m'emmena au village de Lawjé. Apercevant un grand chien assis devant la porte du bâtiment où on me conduisait et de nombreux miliciens qui montaient la garde, je compris que j'allais rencontrer l'un des dirigeants principaux du parti. J'attendis quelques minutes dans le hall d'accueil du bâtiment. Il était étonnant que l'on ne m'ait pas fouillé. On m'emmena dans une pièce dépouillée, où se trouvaient des chaises et un grand portrait d'Abdullah Ocalan, accroché sur le mur. Lorsque j'entrai dans la pièce, Cemil Bayik [27] se leva et me serra amicalement la main. Il me pria poliment de m'installer. Puis, il fit apporter du thé. Il me dit que ma lettre lui était arrivée et qu'il voulait me rencontrer. Il me posa beaucoup de questions à propos de moi-même, de ma famille, de la situation au Kurdistan iranien et notamment de l'image internationale du PJAK. Il exprima son admiration pour l'intelligence des Kurdes d'origine *Rojhelat* (l'est du Kurdistan, c'est-à-dire le Kurdistan d'Iran). Il était bien content d'apprendre que le PJAK avait une bonne image dans le monde, surtout aux Etats-Unis. J'étais aussi surpris de voir que malgré son emploi du temps très chargé, ce dirigeant de premier ordre me parlait de manière prolixe et avec sincérité. Notre conversation dura environ une heure. Il me dit qu'il me donnerait sa réponse d'ici le lendemain. Compte-tenu de son attitude à mon égard, je savais déjà qu'il me donnerait son accord.

---

[27] Cemil Bayik aussi connu sous le nom de camarade *Juma* , est l'un des cinq fondateurs du PKK. Après la capture du leader du PKK, Abdullah Öcalan en 1999, Bayik devint le leader idéologique et politique du PKK.

Très satisfait, je retournai au comité de la langue. Le jour suivant, le directeur du comité, qui était un milicien du nom d'Agid, m'appela et me dit que le dirigeant du PKK avait approuvé ma demande. Il me donna des explications sur le cours de kurde kurmanji d'un mois et me présenta aux autres apprenants. Nous étions presque trente-cinq personnes, dont trente-deux étaient des miliciens du PKK (vingt-huit filles et quatre garçons de tout le Kurdistan), plus moi, un Kurde originaire de Turquie et un autre de Russie. Le comité de la langue se trouvait dans une vallée encaissée. En son milieu coulait une petite rivière. Notre cours se déroulait dans une pièce creusée au fond d'un rocher, dans une montagne imposante. A côté de notre classe, il y avait une grande tranchée et il fallait s'y réfugier au cas où on entendait un avion. Les chasseurs turcs bombardaient cette région tous les jours car elle faisait office de bastion pour tous les partis et comités affiliés au PKK. La majorité des dirigeants du parti se trouvaient dans la zone. Comme la vallée était très étroite, les bombes heurtaient les alentours, principalement les terrains en périphérie du village de Souradé.

Le matin, nous avions cours de langue et l'après-midi, examens et exercices de rédaction. Le soir, nous prenions part à des activités de musique et de danse. Enfin, on s'asseyait au bord de la rivière et on écoutait les souvenirs des uns et des autres, jusqu'à très tard. Les miliciens racontaient leurs souvenirs de combats. Nous étions fort impressionnés par leur sincérité et leur dévouement. Leur vie était pour nous un exemple. Moi, je ne pouvais pas comprendre comment un être humain, surtout une fille, pouvait supporter des conditions si difficiles, loin de sa famille et de son pays pendant si longtemps, tout en restant si modeste. Ils avaient une foi inébranlable en cette lutte et en son guide, Abdullah Ocalan. La plupart de ces miliciens considéraient être devenus ce qu'ils étaient grâce au PKK. Elles exprimaient une grande reconnaissance pour le parti. Elles me montrèrent alors leurs mémoires, qui avaient été imprimées par l'une des presses du PKK. Leur histoire d'héroïsme et de dévouement auraient très bien pu être mises bout à bout pour constituer une grande épopée martiale, mais cela ne les empêchait pas de détester la guerre. Je n'ai jamais vu personne être fier de mener une lutte armée. Ils espéraient tous que les discussions de paix aboutiraient et que la guerre s'achèverait .

Dans cet environnement, ce qui attira le plus mon attention fut la personnalité de Zozan. Elle était pour moi la fille la plus belle et la plus complète que j'avais jamais vue. J'étais attiré par sa beauté et son caractère. Je l'aimais de plus en plus. Je ne pouvais plus m'arrêter de penser à elle. Dans la classe, elle enseignait avec sérieux mais moi, je ne prêtais aucune attention à ce qu'elle nous racontait. Je pensais à autre chose, je plongeais mon regard dans ses yeux. J'avais construit un palais dans mon univers imaginaire, un palais où je vivais avec elle après notre mariage, comme le couple le plus heureux du monde. Je pensais aux enfants qu'elle me donnerait. J'étais l'homme le plus heureux du monde, je pensais aux moments où je rentrerais à la maison, l'embrasserais, poserais mes lèvres sur les siennes, toucherais son visage en lui disant que je l'aimais du fond du cœur. Quand on sortait de la classe, je la suivais. Je cherchais toujours un prétexte pour m'approcher d'elle encore plus.

Mon comportement ne laissait aucune place au doute. Certaines combattantes avaient cerné mon manège mais elles faisaient semblant de rien. Je ne pouvais plus supporter de rester silencieux. Je décidai de faire des sous-entendus et voir comment elle réagissait. Je me rendis dans son bureau sous prétexte de prendre une photo. Elle était assise devant un ordinateur et tapait au clavier. Je lui demandai :

- Puis-je prendre une photo avec toi?
- Oui, avec plaisir.

J'étais ravi de l'entendre. Je commençai la discussion :

- Hawal (Camarade) Zozan, tu n'es jamais tombée amoureuse ?
- Si
- De qui?
- De mon objectif et de la lutte pour sauver ma nation. Avant d'adhérer au PKK, j'étais une paysanne illettrée. Je ne connaissais pas du tout l'histoire de la nation kurde. Le parti m'a tout appris, actuellement je sais même utiliser l'ordinateur.
- Tu veux dire que tu n'as pas envie de te marier, tu ne veux pas avoir d'enfants ?
- Je me suis mariée avec mon pays et mon parti, je me marierai quand mon pays et ma nation se libèreront, mais je dois dire que j'adore les enfants .
- Et si notre pays ne se libère pas?
- Je continuerai à lutter.
- Je veux dire, Hawal Zozan, est-ce que tu m'aimes?

Elle leva la tête, sourit et répondit :

- Oui
- Pourquoi?
- Parce que tu es un homme bon, intelligent et courageux.
- Comment sais-tu que je suis courageux?

- Parce que le jour du bombardement, tu es resté très calme

- Juste pour ça? Tu veux dire que tu m'aimes pas plus que ça ?

- Non

- Tu veux dire....

- Que-ce que tu veux dire?

- Rien. Hawal Zozan, qu'est-ce que tu penses des miliciens qui s'échappent avec leur copain ou copine pour se marier et mener une vie normale?

- C'est très mal !

- Pourquoi?

Parce que c'est une trahison, ils trahissent le sang de nos martyrs et notre guide qui est entre les mains des Turcs .

- Mais alors pourquoi parlez-vous le turc alors qu'ici on est persécuté par les Turcs ? Pourquoi regardez-vous les chaînes de télévision qui émettent en turc ? Pourquoi la langue officielle de l'Administration est le turc ?

- Parce que notre culture et le fait de porter nos vêtements traditionnels étaient interdits. Nous ne pouvions pas parler notre langue à l'extérieur de la maison. Avant la fondation du PKK, l'état turc niait l'existence des Kurdes, il nous appelait « les Turcs des montagnes ». Le PKK est arrivé et a vivifié notre identité kurde; il nous a appris la fierté d'être kurde. L'armée turque a brûlé cinq mille villages kurdes et a poussé à l'exil trois millions de paysans, qui sont partis dans les villes ou en Europe. Mais l'identité kurde a toujours été reconnue en Iran.

- Non ! L'Iran n'est pas le paradis que vous imaginez. Alors que la Turquie garantit un tant soit peu la liberté d'expression notamment pour la presse et le principe d'élections libres, il n'y a aucune liberté en Iran. Les livres d'Ocalan circulent librement en Turquie, alors qu'en Iran la simple possession d'une photo de Ghassemlou est formellement interdite. Nous devons préserver notre langue et notre culture kurde. Le Kurdistan turc devrait initier sa révolution culturelle.

Ces mots me plongèrent dans le désarroi. Je sortis, le coeur brisé. J'étais tellement triste que ce soir là, je ne trouvai le sommeil que très tard. Je ressentais de la rage mêlée à de l'amour pour elle. Je compris que je n'arriverais à rien avec elle et qu'il était inutile d'insister. Mais je ne pouvais pas me résoudre à l'effacer de mon esprit. Quand je pensais à ses mots, je pleurais, j'essuyais mes larmes, mon cœur battait la chamade. Je me convainquis de ne pas céder, qu'il fallait que j'insiste, quoi qu'il arrive. Le jour suivant, je ne la regardai pas pendant le cours. C'était juste avant le coucher du soleil, nous étions tous réunis dans une chambre. Je me suis approché d'elle et avec une voix faible et presque inaudible, je lui glissai à l'oreille : « Hawal Zozan, je t'aime ». Elle me gifla fortement, de sorte que tout le monde entendît. Je ne dis rien du tout. Je rentrai dans ma chambre immédiatement. Je me sentais très mal. Je regrettais cet emportement du cœur, cet acte tellement hors de propos, au sein d'un parti politique engagé dans une lutte armée. J'avais commis un impair mais je ne pouvais pas revenir en arrière. Je me disais sans cesse qu'il n'aurait jamais fallu tenter quoi que ce soit. Jusqu'à cet instant, tout le monde me respectait et avait une bonne image de moi. J'avais honte de retourner parmi le groupe. Je pensais à comment leur faire face le lendemain, à ce que je devrais leur dire. Je n'avais plus aucune envie de rester. Je n'allai pas dîner.

Je décidai finalement de quitter cette vallée. J'écrivis une lettre à Zozan, dans laquelle je la remerciais de ce qu'elle avait fait pour moi pendant cette période. J'accrochai la lettre à un mur. Pour arriver à la ville de Raniyé, j'avais deux options : La première était d'aller au village de Souradé et de marcher pendant deux heures avant d'arriver au dernier poste de contrôle. J'arriverais ensuite à la route asphaltée et je ferais du stop. Ce choix était plus sécurisé mais il était peu probable que j'y arrive car les membres du parti fréquentaient ces chemins. Sans laissez-passer, si je rencontrais quelqu'un, on aurait pu me soupçonner de je ne sais quelle intention et m'amener au comité. Je décidai dès lors de choisir la seconde option : il s'agissait d'un chemin plus long et plus dangereux mais par lequel mon arrivée était plus assurée .

Le premier jour de mon arrivée au comité de la langue, j'avais laissé le sac contenant tous mes papiers d'identité dans le casier du bureau de la direction. Je n'avais rien sur moi. J'avais seulement un pantalon et une chemise kurdes, un keffieh et une petite lampe de poche. Il faisait nuit, je scrutais les alentours. Tout le monde était en train de manger dans la maison. Je partis en contrebas, dans le fond de la vallée. Après quelques minutes de marche, j'arrivai près du village. Je parcourus les jardins les uns après les autres et j'arrivai au début d'un sentier qui contournait une haute montagne. Je pourrais finalement atteindre un village de l'autre côté de la montagne, où je monterais dans une voiture et arriverais à Raniyé. Quelques jours avant, il avait fortement neigé. Il faisait très froid. Je me déplaçais lentement. Mes pieds s'enfonçaient dans la neige et faisaient du bruit. Afin de ne pas être repéré, je marchais avec prudence. Le contournement de la montagne me prit trois heures. Quand j'arrivai de l'autre côté, je vis un chemin plus large, qui avait été agrandi par le passage fréquent des troupeaux de moutons. Je voulais me rendre dans le premier village mais une petite maison en pierre attira mon attention. De la fumée sortait de sa cheminée. Des chiens se mirent à aboyer. Après quelques secondes, un vieil homme armé d'une kalachnikov marcha vers moi. Quand il arriva à mon niveau, il pointa son arme, tira sur mes pieds une balle et me demanda :

- Qui es-tu?
- Je suis de passage.
- Où est-ce que tu vas?
- je vais à Raniyé.

Il me regarda avec surprise et pitié et me dit :

- Raniyé est très loin, Tu n'y arriveras pas avec cette obscurité, passe la nuit chez nous et reprends la route demain à l'aube.

J'acceptai volontiers. Je le remerciai. Lorsque sa femme me vit, elle posa sur moi un regard maternel de pitié. Elle me donna des vêtements, rechargea le poêle, prépara du thé et m'apporta un bol de yaourt avec du pain kurde. J'avalai rapidement le yaourt et le pain. Le vieil homme me demanda :

- Tu n'as pas encore dit qui tu étais et d'où tu viens.
- Je viens de Souradé et je vais à Raniyé.
- Pourquoi tu n'as pas pris le chemin principal ?
- Je l'ai pris mais comme je ne le connaissais pas bien, je me suis perdu et je suis arrivé ici.
- Pourquoi tu ne dis pas que tu es membre du PKK et que tu t'es échappé ? Qu'est-ce qui t'a pris de t'enfuir par une telle nuit noire? Tu n'as pas eu peur de te mettre en péril? Tu n'as pas eu peur d'être attaqué par des loups? Tu aurais au moins pu prendre ton arme ! Moi même qui ai grandi ici, je n'oserais pas m'y déplacer en pleine nuit .

Sa femme le sermonna :

- Laisse-le tranquille, qu'est-ce que tu cherches? Il est notre invité et il parle notre langue. Il est jeune et les jeunes ne connaissent pas le danger.

Puis elle m'observa avec circonspection et me demanda :

- de par tes lunettes et tes cheveux tu dois être médecin. N'est-ce pas?
- oui je suis médecin.
- je te dis mon bonhomme qu'il est médecin.

Puis elle m'observa très sérieusement et me demanda :

- mon enfant, ça fait longtemps que j'ai mal au dos. Plusieurs fois je suis allée chez des médecins à Raniyé mais sans résultat. Ils n'y comprennent rien. Les médecines iraniennes sont de très bonnes médecines. Ne peux-tu pas me donner un bon médicament?
- oui je peux mais je n'ai pas de médicaments avec moi, je pourrai t'en donner la prochaine fois.
- Merci beaucoup, que Dieu te protège. Que Dieu te donne une longue vie.

Les chiens se remirent à aboyer. J'avais peur d'avoir été suivi. Je craignais que l'on ait vu mes empreintes de pas sur la neige et qu'on m'ait retrouvé. La vieille femme dit à son mari : «Va regarder ce qui ne va pas ».

Après quelques minutes, l'homme revint et dit qu'il n'y avait rien de particulier. Cela me rassura. J'étais épuisé. Je m'endormis rapidement. La dame me réveilla à six heures du matin. Elle m'apporta du pain et du lait et m'indiqua le chemin à emprunter pour arriver à la première petite ville, qui s'appelait Hajiawa. Je traversai deux autres villages et arrivai à Hajiawa vers midi. Je me mis d'accord avec un chauffeur pour le tarif de la course jusqu'à Souleymaniyeh. Il accepta de recevoir l'argent à destination. Lorsqu'on arriva au poste de contrôle à la sortie de la ville, le policier me demanda une pièce d'identité. Je lui dis que je n'en avais pas. Il lança avec colère au chauffeur : « Pourquoi tu fais monter des gens qui n'ont pas de pièce d'identité ? ». Il me fit descendre et après quelques questions, laissa le chauffeur repartir. On me fit monter dans la voiture de police et on m'emmena au commissariat de police de Ghaladézé. C'était le dernier jour de l'année 2006. Le commissaire n'était pas dans son bureau. On lui téléphona. Il arriva deux heures plus tard. Il me regarda avec suspicion et me demanda:

- Qui es-tu?
- Je suis journaliste et je suis membre du PDKI.
- Qu'est-ce que tu fais là? Et où est-ce que tu vas?
- j'ai perdu mon portefeuille et ma pièce d'identité.
- Tu mens !
- Je dis la vérité, Vous pouvez téléphoner pour vérifier.
- Tu mens, tu resteras cette nuit et je reviendrai te voir demain.

Je passai la nuit dans une cellule froide, accablé par la faim. Les Peshmergas du commissariat fêtaient le passage à l'année 2007. On entendait les mélodies de leurs chants de joie .

Le lendemain, le commissaire me fit appeler et me dit :

- On a téléphoné au PDKI. Ils ont dit qu'ils ne connaissaient personne à ton nom.

Je dis avec insistance :

- C'est impossible ! Si vous m'autorisez, je vais leur téléphoner et leur parler directement".
- Pour l'instant, sors. Je t'appellerai plus tard.

Après quelques minutes, il me rappela et me donna son accord :

- D'accord, tu peux y aller.

Je lui fis part des difficultés qui m'attendaient :

- Je n'ai ni argent, ni pièce d'identité. Les postes de contrôle m'arrêteront de nouveau.

- Bien, voilà de l'argent pour la location d'une voiture et un laissez-passer jusqu'à Souleymaniyeh.

Je le remerciai, sortis avec joie du poste et me dirigeai vers Souleymaniyeh.

Torture et prison dans la République Islamique d'Iran

Parallèlement à mon travail de journaliste, j'ai écrit et traduit plusieurs livres sur l'histoire du Kurdistan et notamment sur la diplomatie menée par les Etats Unis à l'égard des Kurdes. Mes livres étaient parmi les plus demandés chez les libraires du Kurdistan irakien et ils étaient au programme dans les universités. J'étais devenu un journaliste, un traducteur et un écrivain reconnu. Ma bonne étoile brillait avec de plus en plus d'éclat. Les intellectuels et les écrivains m'appréciaient et m'encourageaient à continuer sur ma lancée. Les dirigeants de petits ou de grands partis m'invitaient pour que j'adhère à leur parti. Le jour de l'inauguration du cinquième Parlement du Kurdistan, Massoud Barzani, Président du Kurdistan irakien, m'accueillit amicalement et me promit de m'aider de toutes ses forces.
Plus tard, un membre du bureau politique du PUK m'invita à la fête de l'anniversaire de la fondation du parti et me présenta à Jalal Talabani, président de l'Irak et secrétaire général du parti. Celui-ci me demanda avec gravité « Qu'est-ce que tu penses de la diplomatie des Etats-Unis par rapport aux Kurdes? ». Je lui dis « Ils agissent dans les intérêts des Kurdes d'Irak; mais à l'encontre des intérêts des Kurdes de Turquie et de manière indifférente à l'égard des Kurdes d'Iran et de Syrie ». Il me dit qu'il serait content d'en discuter de manière plus approfondie avec moi. Je lui demandai de m'aider à aller aux Etats-Unis pour continuer mes études.

Il m'en fit la promesse et me demanda de lui envoyer une demande écrite à son bureau. J'envoyai cette lettre quelques jours plus tard et j'attendais la réponse. J'étais sûr de partir aux Etats-Unis d'ici quelques mois, j'y continuerais mes études, m'y installerais, me marierais et commencerais une vie tranquille et stable. Mais le destin en a décidé autrement.

A cette époque-là, le phénomène de la *koul-bar* [28] était devenu un sérieux problème. Chaque jour, de nombreuses *koul-bars* ont été tuées par la police et Pasdars iranien. Il me vint l'idée de me rendre dans la zone frontalière et d'aller voir les *koul-bars* de près, afin d'écrire un reportage assez complet pour mon journal. Je me rendis dans une ville frontalière entre Kurdistan de l'Iran et l'Irak. Je terminai la première partie de mon reportage. Pour l'achever, je devais aller dans une autre zone frontalière. Or, pour ce faire, il me fallait entrer dans une petite ville et poursuivre ma route en voiture. Cela prenait beaucoup de temps. Je fis un autre choix : il s'agissait d'aller dans un autre village frontalier (se situant dans le Kurdistan iranien) et de longer la frontière jusqu'à destination. Ce choix était en pratique plus facile, mais aussi plus dangereux. Je demandai à un *Koul-bar* si je risquais de croiser des Polices et Pasdars sur le chemin. Il m'assura que non, aucun risque! Le chemin est bien

---

[28] Les *Koulbars* sont des villageois qui gagnent leur vie en faisant de la contrebande de marchandises et de biens (tels que du thé, du carburant, des pneus, du matériel audio et vidéo, de l'alcool...) de part et d'autre de la frontière entre le Kurdistan irakien et l'Iran. A de nombreuses reprises, certains tombaient dans des embuscades de la police ou des Pasdars et se faisaient tuer. Chaque année, environ cinq cents personnes perdent la vie en exerçant cette activité.

sécurisé. Je lui demandai si par malchance je rencontrais des Polices et Pasdars, que faire? Il me dit « Donne-leur un bakchich et ils te laisseront tranquille ». Je n'étais pas sûr d'arriver sain et sauf. Je ressentais une grande appréhension. Mais je ne sais pas pourquoi, j'acceptai .

Accompagné de quelques *Koul-bars,* je traversai la frontière. On s'approchait du village quand tout d'un coup, on vit une voiture de police iranienne. L'un des *Koul-bar* me dit « Ne les regarde pas, fais semblant de rien, agis comme si tu les avais pas vus ». La voiture progressa lentement de notre côté. Après quelques secondes, je l'entendis freiner et perçu le bruit de l'ouverture et de la fermeture des portes. Un homme m'appela à haute voix, avec un accent turc « Oh, garçon, viens là ». Je fis mine de ne pas l'entendre et continuais à marcher. Il réitéra son appel, en haussant encore plus la voix « Toi qui portes des lunettes, viens ici ». Je me suis arrêté et j'ai tourné la tête vers lui. J'ai vu à quelques mètres de moi un sous-lieutenant de grande taille, en uniforme de policier, avec deux soldats armés. Je m'approchai de lui avec méfiance et je le saluai. Il ne me répondit pas. Il me lança sèchement « Pièce d'identité ». Je lui présentai ma carte d'achèvement de service militaire. Il me demanda :

- Tu es de Pavé, qu'est-ce que tu fais ici?
- Je suis journaliste.

Il me lança un regard noir de colère et me dit «Tu es donc un journaliste !». Il regarda de nouveau ma carte et après quelques secondes, m'ordonna « Monte dans la voiture ». Je lui proposai alors un bakchich, en m'exprimant de manière indirecte. Il cria « Je t'ai dit de monter, monte ! ». Je montai dans la voiture. Le conducteur retourna sur le chemin. On se dirigeait rapidement vers la ville. Dans la voiture, je lui répétais :

- Je n'ai rien fait monsieur le lieutenant !
- On verra

J'essayai une nouvelle fois de lui proposer un bakchich. Il refusa « Tu me prends pour qui ? Je ne fais pas ce genre de chose ». Plus on s'approchait de la ville, plus je perdais espoir. Comme je connaissais la police, je savais bien que si j'entrais dans un commissariat, je ne pourrais pas en ressortir si facilement. Pourtant, je me disais qu'on me laisserait partir après quelques questions. J'étais iranien et j'avais fait mon service militaire. Après une demi-heure, on arriva au poste de contrôle de la police, à l'entrée de la ville. La voiture entra dans la cour. On descendit. Le lieutenant me dit «Mets-toi ici, je t'appellerai ». Je m'appuyai contre le mur et pensais à ce que le sort allait me réserver. J'entendis un sergent s'adresser à un soldat avec l'accent kurde de Kermanchah.[29] Je me suis approché de lui et lui ai expliqué mon histoire avec angoisse, en adoptant son accent. Il me dit avec compassion «Ne t'inquiète pas mon camarade, je vais essayer de voir ce qui va se passer ». L'autre soldat kurde tenta également de me rassurer « Sois sans crainte, c'est normal ce genre de contrôles ». Après cinq minutes, le sergent revint vers moi et me lança avec colère « Tu es fou ou quoi toi? Pourquoi t'as pas enlevé tes lunettes à la frontière? Pourquoi tu lui as dit que tu étais journaliste? Je plains le journal pour lequel tu travailles, tu t'es trompé de vocation ! Tu aurais

---

[29] En Iran, il y a différentes ethnies, religions, langues et dialectes. Les gens qui viennent d'une même région ou parlent le même dialecte essaient dans la mesure du possible de s'entraider lors de leur détention.

dû être berger, pas journaliste ! ». Puis il ajouta « Je suis vraiment désolé mon frère, tu as tout gâché, je ne peux rien faire, prends soin de toi et ne sois pas si naïf, il est bon d'agir intelligemment dans la vie ».

En entendant ces paroles, je compris que tout était compromis et que je ne pourrais pas me dépêtrer de cette affaire si facilement. J'étais effrayé. J'étais dans mes pensées. Je fus ramené à la réalité par le coup de klaxon d'une voiture qui entrait dans la cour du poste. Un jeune homme barbu habillé en civil en descendit, me jeta un regard plein de haine et alla tout droit au bureau du lieutenant. Après quelques minutes il en ressortit, vint vers moi et m'ordonna de monter dans la voiture. Je compris à partir de cet instant que la police secrète allait s'occuper de mon cas mais je ne savais pas vraiment s'il s'agissait de la police secrète civile ou Pasdars.[30]

Je traînais les pieds, pétrifié par la peur. Nous nous sommes assis tous deux sur les sièges-arrières. Le chauffeur a pris la route vers la grande ville. Mon accompagnateur a sorti son téléphone portable, a envoyé un message et une minute après, recevait une réponse. Après l'avoir lu, il dit au chauffeur « Donne-moi le truc ». Le chauffeur glissa la main dans la boîte-à-gants et en sortit un bandeau noir. Il le tendit au jeune homme barbu. Celui-ci me banda les yeux avec. Je devinai alors qu'ils étaient agents de la police secrète civile.

Les yeux fermés, je posai la tête sur l'appui-tête et plongeai dans mes pensées. Je ne réalisais pas encore ce

---

30 En Iran, il y a plusieurs types de polices secrètes travaillant en parallèle : la police secrète civile, la police secrète des Pasdars, et puis la police secrète militaire. La plus redoutable est la police secrète des Pasdars.

qui m'arrivait. J'aurais dû accepter la vérité en face. Je ne pouvais plus revenir en arrière. J'étais aux mains de la police secrète. Je n'avais aucune chance de m'échapper. Connaissant le mode de fonctionnement de ce service, je m'attendais à un destin funèbre. Lorsque j'imaginai les techniques d'interrogatoire et les tortures physiques et mentales pratiquées par ce service, des frissons me parcouraient tout le corps. J'avais soif et peur. Je demandai « Vous n'avez pas d'eau? ». Il me répondit « Attends, on arrive bientôt ». Après environ une heure, j'entendis un brouhaha de voitures prises dans les embouteillages. On était donc arrivé. Après vingt minutes de route sur les avenues, je sentis que la voiture s'engageait dans une rue secondaire, puis dans une ruelle. Enfin, le chauffeur nous conduisit à l'intérieur d'un bâtiment et arrêta le véhicule .

L'homme me prit par la main et me dit de descendre. Après avoir refermé les portières de la voiture, il me dit de faire attention aux marches. Les yeux toujours bandés, pris par la main par cet agent, on descendit deux cents marches. Il m'indiqua que l'escalier était terminé. On marcha quelques pas de plus. J'entendis une clé tourner dans une serrure et l'ouverture d'une porte. Il m'enleva les menottes et me dit « Avance et attends-moi, j'arrive. Tu peux enlever ton bandeau ». A peine entré dans la pièce, je sentis la porte se refermer derrière moi.

J'ôtai le bandeau, pris une inspiration et vit que je me trouvais dans une pièce de six mètres carrés, avec un mur barbouillé agrémenté d'une horloge. Il y avait une porte en fer percée d'une petite fenêtre. Un lit recouvert d'une couette de l'armée et d'un oreiller longeait le mur. A côté du lit, il y avait une armoire en bois sur laquelle on avait posé une carafe d'eau et un verre. A côté de la porte, il y avait un petit WC, un robinet et un savon pour se laver les mains et le visage. J'avais grand soif. Je remplis la carafe à moitié et je bus à grandes gorgées. Je m'allongeai sur le lit. Je me perdis dans mes pensées pendant presque trois heures.

Le bruit de la clé dans la serrure me ramena au réel. Un homme que je n'avais pas encore vu ouvrit la porte. Il tenait dans les mains un sac contenant trois sandwichs falafel [31], un stylo et une feuille de papier. Il posa tout sur l'armoire. Il me dit « Ecris un résumé de ta vie. Ce n'est pas un exercice littéraire, écris des choses essentielles mais ne marginalise rien. Ecris lisiblement, sans barbouiller. Je le veux pour demain matin. Si tu as besoin de quelque chose, appuie sur ce bouton rouge, je serai là après quelques minutes. Mais fais-le si c'est vraiment nécessaire, pas pour n'importe quoi ».

Je mangeai les sandwichs. Je me mis à réfléchir à ce que je devais écrire et passer sous silence. Deux choix se présentaient à moi : le premier était d'écrire honnêtement tout ce que j'avais fait dans ma vie. D'après ce que je savais des lois de la République Islamique, je savais bien qu'en disant la vérité, je serais condamné à trois à cinq ans de prison pour avoir soutenu le PDKI et à cinq ans de plus pour m'être rendu dans les camps du PJAK. En choisissant cette option, je serais présenté au tribunal après un interrogatoire sans torture et je passerais dix ans de ma vie en prison . Le deuxième choix était de mentir, de proclamer mon innocence et d'insister sur le fait que j'étais parti au Kurdistan irakien pour réaliser des traductions de livres d'histoire et faire du journalisme

---

[31] Le falafel est un genre de sandwich à base de boulettes de pois chiches et de pommes de terre, sans viande ni salade.

social. Dans ce cas, après l'interrogatoire, je serais présenté au tribunal et je passerais environ un an en prison.

Ce choix était évidemment préférable mais il était aussi très dangereux. Si on trouvait un document venant remettre en cause ma version, on me torturerait longuement pour me forcer à dire toute la vérité. Ce choix serait le bon à condition qu'ils ne trouvent aucun justificatif pour prouver le contraire de ce que j'avais déclaré. J'avais des doutes mais comme j'avais toujours utilisé un pseudonyme au Kurdistan irakien et que je n'avais jamais laissé quiconque me prendre en photo, j'avais espoir que tout se passe comme je le souhaitais. Un autre point jouant en ma faveur était que mon père était Pasdar et j'avais fait mon service militaire .

J'analysais chaque option pendant plusieurs heures et me décidai enfin à choisir la seconde alternative. Je pris le stylo et me mis à écrire. J'étais angoissé. J'avais l'impression d'être à l'agonie. Les battements de mon cœur résonnaient dans ma poitrine. J'étais en nage. Je n'arrivais pas à me concentrer, mes mains tremblaient. J'avais la diarrhée et je devais aller aux toilettes tous les quarts d'heure. Je finis d'écrire mon récit au bout de trois heures. Je m'allongeai sur le lit. Je révisai plusieurs fois ce que j'avais écrit, afin de bien mémoriser. Je savais que si je me contredisais pendant l'interrogatoire, ils comprendraient que j'avais menti et ne me laisseraient pas tranquille, jusqu'à ce que je leur dise toute la vérité. Je m'endormis, abattu par la fatigue .

Le lendemain vers huit heures, je fus réveillé par le bruit de la porte. Le même homme que la veille posa trois nouveaux sandwichs sur l'armoire. Puis, il me demanda « Tu as écrit ? ». Je lui répondis par l'affirmative et lui donnai les papiers. Il me dit « Je viendrai te chercher quand il sera temps ». Il sortit et referma la porte. Il était environ quatorze heures lorsqu'il revint. Il me dit de me lever et de le suivre. Il me banda les yeux et me conduisit dans une autre pièce que je ne connaissais pas. D'après le peu de marches qui y menaient, je compris que nous étions à l'étage supérieur. Il frappa à la porte d'une salle. J'entendis un autre homme derrière, qui nous disait d'entrer. Mon accompagnateur ouvrit la porte et me fit entrer. L'homme dans la pièce me demanda calmement d'enlever le bandeau et de m'asseoir. Je vis un homme au visage serein, assis derrière un grand bureau. Une armoire et une commode pleine de dossiers se dressaient à côté de lui.

Je m'assis. Il était en train d'examiner mon récit. Il tirait des bouffées de sa cigarette à intervalles réguliers et recrachait lentement la fumée. Après environ une minute, il leva la tête, me regarda et me proposa une cigarette, en s'exprimant en langue kurde. Je rejetai poliment son offre « Merci, je ne fume pas ». Il me dit « C'est bien que tu ne fumes pas, moi j'ai une addiction au tabac et je n'arrive pas à arrêter ». Après un temps d'arrêt, il me demanda :

- Tu sais où tu es?
- Oui, dans une prison.
- Quelle prison?
- Une prison de la police secrète.
- Tu n'aurais jamais pensé te retrouver ici un jour?
- None, jamais.
- Mais tu as bien dû commettre quelque chose pour te retrouver ici?
- Je n'ai rien fait.
- Mais pourquoi tu es là?

- Aucune idée, c'est à vous de me le dire.

- Personne ne se retrouve ici par hasard, il y a une raison, c'est sûr et certain.

- C'est peut-être parce que je suis kurde, car à part ça je n'ai rien fait de mal.

- Mais pourquoi parmi tous les Kurdes, c'est toi qui te retrouves ici ? Et je ne suis pas kurde, moi ? Tu vois bien que je te parle en kurde.

- Je n'arrive pas à comprendre ce qu'on me reproche, qu'est-ce que j'ai fait de mal?

- Ne saute pas les étapes, on va y arriver à ta faute. Pourquoi es-tu parti au Kurdistan irakien?

- Comme je vous l'ai écrit dans mon récit, je travaillais pour un journal. Et j'ai traduit quelques livres de l'anglais au persan et kurde.

- Pourquoi tu ne l'as pas fait ici en Iran ? Ce n'était pas mieux dans ton propre pays?

- Si, mais le destin fait que l'on se retrouve dans un endroit plutôt qu'un autre.

- Le journal pour lequel tu travaillais appartient à qui?

- Au KRG

- Tu traduisais des livres pour qui?

- Pour une maison d'édition du PDK irakien.

- Tu ne communiquais pas avec les partis kurdes?

- Si, j'étais en contact avec PUK et PDK.

- Ne fais pas l'ignorant, tu sais très bien de quels partis je veux parler.

- Quels partis?

- Les partis kurdes iraniens opposés à la République Islamique.

- si vous parlez du Komala, du PDKI et du PJAK, non, je ne les connais pas.

- Tu veux dire que tu ne sais pas où ils sont?
- Si, je le sais.
- Et ils sont où?
- J'ai entendu dire que le PDKI était vers Koye, le Komala à Souleymaniyeh et le PJAK dans les montagnes de Qandil .
- Tu connais bien l'objectif de ces partis?
- Je ne connais pas celui du Komala et du PJAK, mais j'ai entendu à la télé que le PDKI militait pour le fédéralisme.
- Tu es donc d'accord avec le but de ces sécessionnistes.
- Non.
- Tu veux dire que même par curiosité tu n'es pas allé leur rendre visite, pendant tout le temps que tu as passé au Kurdistan irakien?
- Non, ils ne m'intéressent pas. J'ai grandi dans une famille Pasdar.
- Tu veux dire que tu n'avais pas envie d'aller voir les jolies filles du PJAK?

Je me souvins alors de Zozan, je souris et lui assurai que non.

Il alluma une autre cigarette et me demanda :

_ Tu veux dire qu'ils n'ont pas cherché à entrer en contact avec toi ? Ils sont toujours à la recherche de personnes dans ton genre.
- Non, ils ne m'ont jamais contacté.
- Et pourquoi d'après toi?
- Peut-être parce qu'ils savaient bien que mon père était Pasdar et que donc, je suis contre eux.
- Tu es sûr que tu dis la vérité?
- Oui, j'en suis sûr, je n'ai aucune raison de mentir.
- D'accord, on verra.

Puis, il me prit en photo avec son appareil et appela son collègue pour venir me chercher.
Je retournai dans ma cellule. J'attendais toujours qu'ils viennent me chercher pour un autre interrogatoire. Mais plus aucune nouvelle ! Après trois jours, ils m'amenèrent de nouveau devant l'homme à la cigarette, qui me demanda :

_ Ca va?
- Pas trop mal.
- J'espère que tu ne feras rien qui te mettra dans une situation compliquée. Je veux bien t'aider mais si tu n'es pas honnête, tu en subiras les conséquences. Tu m'as dit que tu n'étais en contact avec aucun parti kurde, n'est-ce pas?
- C'est la vérité.
- J'ai un témoin qui peut prouver que tu mens.
- Je n'ai pas menti, qui est ce témoin ? Pourquoi vous ne me le montrez pas?

Il décrocha le téléphone immédiatement et demanda à son collègue d'amener le témoin. J'étais anxieux mais j'essayais de feindre l'indifférence. Un jeune homme d'environ vingt-cinq ans entra dans le bureau. Je ne l'avais jamais vu auparavant. L'agent me dit :

_ Tu connais ce jeune homme?
- Non, je ne l'ai jamais vu.
- Réfléchis bien, tu l'as vu quelque part .
- Non, j'en suis sûr et certain.

Il demanda au jeune homme :

- Comment t'appelles-tu?
- Amine.
- Qu'est-ce que tu fais dans la vie?
- Je suis un Peshmerga repenti .
- Tu connais cet homme?

- Oui je le connais.
- Comment s'appelle-t-il?
- Jabar.
- Où est-ce que tu l'as vu?
- Au fief du PDKI au Koya.
- Que faisais-tu là-bas?
- J'étais gardien à l'entrée du camp.
- Et?
- Un jour j'ai vu cet homme descendre d'une voiture et entrer dans le bureau du secrétaire général du parti.
- Et puis?
- Après une demi-heure il est sorti du camp et est monté dans la même voiture.
- Tu ne te trompes pas ? Comment est-ce que tu es sûr que c'était lui?
- Je me souviens de ses lunettes et ses cheveux longs.

L'agent lui dit qu'il pouvait disposer. Il alluma une autre cigarette et me dit :

- Bon, qu'est-ce que tu as à dire ? Voilà, nous l'avons ce témoin .
- Je vous jure que je ne l'ai jamais vu, je ne le connais pas du tout.
- Tu veux dire qu'il ment?
- Oui
- Pourquoi mentirait-il ? Quel intérêt?
- Aucune idée.
- Je t'ai déjà dit que je voulais bien t'aider à sortir de cette prison. Tu veux y rester, toi?
- Pas du tout.
- Alors, pourquoi tu me fais tourner en bourrique ? Pourquoi tu ne dis pas la vérité?

- J'ai dit la vérité.

- J'ai des documents qui prouvent que tu étais en contact avec le PDKI. Je connais même le dirigeant avec qui tu as été en contact, j'ai une vidéo, une photo, ne m'oblige pas à les sortir. Je veux que tu dises la vérité par toi-même, volontairement. C'est mieux pour toi.

- Je n'ai jamais été en contact avec eux, je dis la vérité.

- D'accord, on verra, la prochaine fois je te monterai la photo et la vidéo. Réfléchis bien, il n'est pas encore trop tard pour dire la vérité.

Quand je suis retourné dans la cellule, j'ai repensé au témoignage du jeune homme. J'ai bien compris qu'il s'agissait d'un scénario monté de toutes pièces. Deux éléments me permettaient de penser ainsi : le premier est qu'au Kurdistan irakien, personne ne savait que je m'appelais Jabar, tout le monde me connaissait sous un autre nom. Le second est que le bureau du secrétaire général du parti ne se trouvait pas dans un camp retranché mais dans un secrétariat, dans un immeuble banal. Malgré ma fréquentation du camp retranché et mes rencontres avec le secrétaire général, la tournure de l'interrogatoire et la confrontation avec le « témoin » me montraient qu'ils me soupçonnaient de liens avec le parti mais qu'ils n'avaient aucune preuve. Après cinq jours, je fus amené une fois de plus dans le même bureau. L'agent me demanda de nouveau :

- Quoi de neuf ? Tu as changé d'avis?

- A propos de quoi?

- A propos de tes liens avec les partis opposés à la République Islamique.

- J'ai déjà dit que je n'avais aucun contact avec eux .

- J'ai une photo de toi aux côtés des chefs de ces partis, j'ai même l'enregistrement vidéo de tes conversations avec eux. Tu penses que nous n'avons pas d'espions dans ces partis ? Nous connaissons non seulement leur organisation interne, mais aussi les détails de la vie privée de leurs membres. Ne m'oblige pas à te montrer la vidéo et les photos. Je préfère entendre la vérité de ta bouche. Seulement à cette condition, je te promets de t'aider, dans la mesure du possible .
- J'ai écrit toute la vérité dans mon récit, je n'ai rien à ajouter.
- Très bien, tu as fait ton choix, tu vas en subir les conséquences. Moi, j'étais honnête avec toi mais toi, non. Je n'ai plus rien à te demander, tu peux y aller. Il n'est pas encore trop tard, je suis à ta disposition au cas où tu changes d'avis.
- Alors, quand est-ce que vous allez me libérer?
- Je ne sais pas, ça dépendra de la décision du tribunal.

Lorsque je retournai dans ma cellule, j'étais tout d'abord satisfait de savoir que je serais bientôt présenté devant le tribunal. Je pensais que je recevrais une condamnation d'un an de prison au maximum. Mais d'un autre côté, j'étais surpris qu'ils me laissent tranquille si rapidement et qu'ils envoient mon dossier au tribunal de manière si prématurée. Ce n'était pas normal. Pourquoi étaient-ils si courtois ? Un miracle s'était-il produit dans l'organisation du système de la police secrète iranienne pendant mon absence ? Avaient-ils aussi naïvement cru à ma version ? Comment était-il possible qu'ils n'aient aucune preuve contre moi ?.

Environ une semaine plus tard, un autre homme vint et me dit :

- Prépare-toi à partir .
- Où ça ? Au tribunal?
- Le tribunal ?! Tu es avec nous pour longtemps, tu n'es pas bien avec nous ? Tu manges bien et tu dors bien ! Tu ne t'amuses pas aussi bien chez tes amis.

Les yeux bandés, je montai les escaliers avec lui et compris que le chemin n'était pas le même que d'habitude. En entendant le son des tambours, je compris que les cérémonies de *Tasu'a* et *Ashura* allaient avoir lieu.[32] On arriva dans une pièce, l'homme me dit d'entrer. J'y entrai et restai debout. Je percevais qu'il ne s'agissait pas d'un endroit où j'étais déjà allé .Une voix masculine m'ordonna sèchement d'enlever le bandeau. Lorsque j'ouvris les yeux, se tenait devant moi un homme portant une chemise noire, une moustache et une longue barbe. Il avait un air grincheux et antipathique. Son visage exaltait la colère. Je n'osais pas le regarder dans les yeux. Je regardais le sol. Sa voix puissante me fit sursauter :

- Nom?
- Jabar.
- Tu n'as pas de langue dans ta bouche, toi ? Plus fort, je n'ai pas entendu.
- Jabar Rehmany.

---

[32] Ces cérémonies sont accomplies par les Chiites en la mémoire de l'Imam Hussein et ses partisans, qui furent tués dans le désert de Kerbala (en Irak) par le Calife Yazid, en l'an 61 de l'Hégire (il y a environ 1370 ans). Pendant toute la période de la tenue de ces cérémonies, qui dure 40 jours, les Chiites portent des vêtements noirs et ne se rasent pas la barbe. La musique est interdite, ainsi que les programmes radios et télévisés perçus comme étant joyeux. Le soir, les jeunes sortent battre les tambours et se lamenter.

- Voilà, comme ça. Tu crois que t'es où ici ? Tu nous prends pour des cons ? Vous, les Kurdes, vous vous rendez pas compte de notre bienveillance, il va falloir vous comporter autrement. Moi, je sais bien comment agir avec vous, comment vous faire parler. Je vais te donner envie d'appeler ta pute de mère à la rescousse. Je vais te faire quelque chose qui va te donner envie de mourir mille fois par jour. J'ai fait parler des milliers de personnes comme toi mon pauvre gars .

J'avais toujours la tête baissée et j'écoutais ses menaces. Je n'osais pas lever la tête. Il hurla :

- Regarde-moi fils d'imbécile ! Fais pas semblant d'être innocent, je sais ce que t'as dans la tête.

Puis, il s'est levé. Il a allumé une cigarette, a tourné autour de la table, s'est mis au-dessus de moi et m'a demandé avec un air inquisiteur :

- Tu ne fumes pas, toi ? Tu bois du coca ? Il faut fumer ou boire du coca. C'est à toi de choisir .

J'ai tout de suite compris ce qu'il voulait dire. Il voulait dire qu'il me laissait le choix entre me brûler avec sa cigarette ou me violer avec une bouteille de coca en verre.

- Bon, dis-moi la vérité, qu'est-ce que tu foutais au Kurdistan irakien ? Hein?

- Je vous jure, Dieu sait que je dis la vérité, j'y travaillais, je n'ai rien fait de mal.

- Que Dieu te punisse.

- Je vais dire la vérité à cet Imam Hussein, dont on célèbre aujourd'hui le martyre .

Dès que je prononçai ces mots, il se rua sur moi avec fureur. Il me mit un violent coup de poing au menton. Je sentis qu'un liquide chaud me remplissait la bouche. Quand je l'ouvris, du sang en jaillit et coula sur ma chemise. Il me menaça :

- Si tu prononces encore une fois le nom d'Imam Hussein, je te carre ces bouteilles dans tes fesses bien rondes et chaudes, t'as compris ? Kurde sunnite, impur et abruti ! Maintenant dégage, ça fait que commencer .

Le sang continuait de couler sur ma chemise. On me rebanda les yeux et on me ramena vers ma cellule. Sur le chemin du retour, je me dis que ce n'était que la première d'une longue série de séance de tortures... J'entendis une porte s'ouvrir «Vas-y, rentre ». Quand j'ouvris mes yeux, je vis que j'étais dans une pièce d'environ deux mètres carrés, sans lit. Il y avait seulement une chaise en métal et un robinet. Je me suis tout de suite lavé la bouche, mais le sang continuait de couler. Sentant ma bouche endolorie, je m'assis sur la chaise. Je compris que tout cela devenait sérieux. Les interrogatoires et les tortures avaient commencé et il m'était impossible de savoir quand cela prendrait fin. Mais je devais résister, je n'avais pas d'autre choix. Je me suis alors remémoré un poème kurde qui disait:

L'ennemi me capture mais la prison m'affûte
On me torture mais ma soif de justice,
Personne ne me la réfute
On me tue mais je tiens tête à mon bourreau
Je suis kurde et je ne cède pas, je ne cède pas, je ne cède pas.

Ce coin de prison est ma dernière résidence
Ces menottes sont un onguent pour mon cœur plein de démence
Il y a longtemps que j'attends ce cliniquement des menottes et du fer
Ces chaînes, un bijou royal qui m'est offert
Je suis amoureux de la belle fille de la liberté,

Mon sang versé est comme du henné pour mes mains et mes pieds
Je danse avec les chaînes de mes fers
Je suis kurde et je ne cède pas, je ne cède pas, je ne cède pas.

L'ennemi pense que je deviens muet dans ma geôle
O non, ce coin de prison est devenu mon école
L'emprisonnement, la torture et la mort mènent à la liberté
Le canon, le sabre et les menottes sont pour moi comme des riens abstraits
Ma soif de liberté s'accroît en détention
Pauvre ennemi qui croit en la prison !
Je suis kurde et je ne cède pas, je ne cède pas, je ne cède pas

Mes armes dans la mêlée : mon stylo, ma pensée
Si je ne vis pas librement, il vaut mieux trépasser
Servir l'ennemi ou lui céder m'est insensé
Maudits soient ceux qui servent les étrangers
Je suis kurde et je ne cède pas, je ne cède pas, je ne cède pas

Après environ une demi-heure, mon tortionnaire entra dans la pièce et me dit « Tiens, change de chemise. Ici, c'est ta nouvelle cellule. Je pense que tu seras ici pour longtemps. Je viendrai une fois par jour, je t'apporterai des saloperies à bouffer. Je t'emmènerai aux chiottes, où tu auras pas plus de trois minutes. Pas de douche. Et sache que tes conditions pourront empirer. J'espère que tu tiendras pas ». Puis il ferma la porte et s'en alla. Après deux heures, il repassa me balancer un sac plein de sandwichs par la fenêtre de la cellule. Ma blessure à la bouche était très douloureuse. J'arrivais à peine à manger. Quand je mâchais, la douleur aigue me faisait monter les larmes aux yeux. Je mangeais le moins possible mais la faim m'assaillait. Après trois ou quatre jours, la douleur commença à s'estomper .

Une semaine plus tard, je fus conduit de nouveau chez le même homme. La pièce était enfumée. J'avais l'impression d'étouffer .

- Tu es devenu raisonnable? Dis-moi toute la vérité maintenant, de A à Z. Tu travaillais pour qui?
- Je vous ai déjà dit la vérité, je travaillais pour KRG.
- L'Etat des Kurdes? Hein? Je vais t'apprendre moi, ce que c'est l'Etat kurde! Vous êtes tous pareils, vous êtes tous sécessionnistes, ce sécessionnisme est dans votre sang, vous avez grandi avec des berceuses en kurde, vous êtes tous pareils ! Votre « Grand Kurdistan », vous le verrez après avoir crevé !

Puis il se mit derrière moi. Tout d'un coup, j'eus la sensation qu'une aiguille brûlante s'enfonçait dans mon corps. Il avait brûlé ma nuque avec sa cigarette. J'avais horriblement mal. Mes yeux étaient humides de douleur mais par orgueil, je me retenais de pleurer. Je baissai la tête et sanglotai. Il tourna autour de moi plusieurs fois. Je m'attendais à une nouvelle brûlure de la nuque. Il se mit face à moi et me cria :

- Regarde-moi ! Fais pas semblant d'être innocent !

J'avais peur qu'il me frappe de nouveau au visage et que cela rouvre ma plaie à la bouche. Il continua de plus belle:

- Qu'est-ce que vous voulez vous autres, les Kurdes d'Iran?! Nous sommes clairs avec vous, vous êtes libres de pratiquer votre langue et porter vos vêtements, on vous appelle même « les Iraniens nobles ». Tu parles, des bons à rien! Les Turcs et les Arabes savent sûrement mieux comment se comporter avec vous !? Vous ne savez pas différencier le bien et le mal. En Turquie, votre langue est interdite. Les Turcs se moquent de vos vêtements, ils vous appellent « les Turcs des montagnes » ! Les soldats Turcs brûlent vos villages, tuent vos enfants, violent vos femmes et vos filles ! En Syrie on vous donne même pas de pièce d'identité ! Saddam vous a massacrés en Irak et a vendu vos femmes dans les pays arabes.!

- Je jure devant Dieu que je n'ai rien fait contre la République Islamique d'Iran. J'ai grandi dans une famille partisane de la révolution islamique, mon père est Pasdar.

- Arrête de répéter que ton père est Pasdar ! Il est kurde, c'est un imbécile comme toi ! Tel père, tel fils. Il est devenu Pasdar pour l'argent. Vous ne croyez pas à la révolution islamique. Comme on avait besoin de vous pour la guerre Iran-Irak, on a accepté malgré le dégoût que vous nous inspirez. On vous a utilisés pour que vous luttiez contre le PDKI, pour que vous vous entretuiez comme des chiens enragés. Vous étiez Pasdars le jour et membres du PDKI la nuit. Vous transmettiez des informations, vous racontiez tout en cachette. Tu penses qu'on est bêtes et qu'on sait rien de tout ça ?

Il s'assit derrière son bureau. Sans me regarder, il continua :

- Pendant huit ans de guerre d'Iran et d'Irak nous étions frappés par les sanctions de tous les pays occidentaux, ils ne nous vendaient pas d'armes. Nous donnions un baril de pétrole en échange d'un lance-roquette sur le marché noir. Les gens comme ton père ne tiraient pas sur les militants du PDKI pendant les affrontements. Vous êtes mus par la trahison. Tu penses que je vais laisser ton père toucher un million de tomans[33] par mois des caisses du Trésor alors que son fils est

---

[33] Un million de tomans vaut quatre cents euros.

membre du PDKI? Je vais faire couper son salaire pour que tu te décides à coopérer .

Je retournais dans ma cellule en me disant qu'ils n'avaient aucun justificatif prouvant mes liens avec le PDKI mais qu'ils étaient en train d'en rechercher. Je craignais qu'ils ne trouvent quelque chose. S'ils y parvenaient, j'aurais de plus graves ennuis encore. Ils intensifieraient les tortures. J'avais également peur qu'ils coupent le salaire de mon père ou qu'ils l'amènent ici, pour que je parle. J'étais prêt à rester un an dans cette situation mais je ne pouvais pas faire face à mes parents. Je n'aurais pas pu supporter leur courroux.

Cela faisait quarante-cinq jours que j'avais été arrêté. Ils m'apportaient un repas une ou deux fois par jour. Il s'agissait souvent de sandwichs aux falafels ou de saucisson avec une pomme, un concombre ou une orange. A un moment, ils m'apportèrent un carton plein de magazines *Khânévâdé* (Famille). Afin de ne pas trop me torturer l'esprit à penser, je passais mon temps à lire ces magazines. Je relisais certaines rubriques tellement de fois que je finis par les connaitre par cœur. A cause de la malnutrition, je perdais des kilos jour après jour et ma vue s'affaiblissait. J'étais autorisé à aller aux toilettes une fois par jour. Le reste du temps, j'urinais dans le lavabo qui me servait à me laver les mains. Pour supprimer les mauvaises odeurs, je laissais le robinet couler pendant plusieurs minutes. Je me lavais une fois toutes les trois semaines. Pendant la douche, le gardien me répétait: « ça suffit », « dépêche-toi », « sors»... Après ma toilette, je devais me raser en cinq minutes, sous la surveillance très sévère d'un gardien. Comme il n'y avait pas de lit dans ma cellule, je dormais assis sur la chaise. Je posais la tête sur mes mains, qui étaient elles-mêmes posées sur mes genoux. Au début, j'avais l'impression qu'il me serait impossible de trouver le sommeil dans cette position. Je me réveillais au bout de quelques minutes et j'essayais de me rendormir. Je m'y habituais peu à peu et m'endormais de plus en plus vite. Je sentais néanmoins que mon dos avait changé de forme. Afin qu'il ne soit pas définitivement courbé, je me mis à faire des exercices physiques, pendant une heure chaque jour.

Je passais souvent mon temps en rêveries. Je m'appuyais sur le mur froid et inhumain de la cellule, j'écoutais attentivement le bruit de l'eau qui gouttait du robinet et me semblait une musique agréable et je réfléchissais. Je songeais à mon passé, à mon destin inconnu. Je pensais à ma famille, à mon père et à ma mère, à ce qu'ils faisaient, à l'endroit où ils étaient... Je me rappelais ce que mon père m'avait dit au sujet de la solitude. Je pleurais au fond de mon cœur sur ma solitude et mon malheur et je soupirais. J'aurais voulu être près de ma mère pour pouvoir l'embrasser et pleurer en posant ma tête sur son épaule. Son dernier regard et sa dernière phrase sont restés gravés dans ma mémoire.

Ils m'amenèrent de nouveau me faire interroger, presque deux semaines après la dernière séance; le même homme, les mêmes questions, les mêmes réponses et les mêmes menaces. En entendant ses questions, je me rassurais en constatant qu'ils n'avaient toujours trouvé aucune preuve contre moi. Cela m'encouragea à continuer à résister et à ne pas céder. L'enquêteur s'énervait de plus en plus, il se levait brusquement et tournait autour de moi, il s'arrêtait derrière moi puis il venait en face de moi, me recrachait la fumée de sa cigarette au visage. Il finit par aller s'asseoir de nouveau derrière son bureau et jeta un coup d'œil à des feuilles de papier. A la fin de l'interrogatoire, il m'annonça :

- Il va falloir t'exécuter. Je suis désolé pour toi, tu vas mourir jeune. J'ai bien essayé de ne pas en arriver là, mais tu l'as voulu. Cette fois-ci tu seras un vrai héros et tu auras atteint ton but .

De retour dans ma cellule, je réfléchissais à ses menaces d'exécution. J'avais le sentiment que c'était une « plaisanterie », ou bien une menace destinée à me faire peur et à me faire parler. Je fus renvoyé dans son bureau quelques jours plus tard. Il me demanda avec gravité :

- Alors, tu n'as pas changé d'avis? Tu ne veux pas dire la vérité et sauver ta peau ?
- J'ai toujours dit la vérité.
- C'est ta dernière déclaration?
- Oui.
- Espèce d'imbécile de binoclard, sécessionniste, traître ! Tu penses que nous avons pitié des sécessionnistes comme toi? Tu penses que nous avons envoyé nos jeunes mourir dans les champs de mines pour que notre pays éclate en morceaux ? Nous avons présenté nos poitrines face à vos balles. Et maintenant nous faisons tout ce qui est en notre pouvoir pour maintenir ce régime.

Il me montra une feuille de papier de loin et me déclara « Regarde bien, c'est l'ordonnance de ton exécution, tu sais très bien que des milliers de personnes ont été discrètement exécutées dans des locaux comme celui-ci et rien ne nous est arrivé.[34] Tu penses que tu as affaire à qui?

---

[34] Son objectif était que les milliers de prisonniers politiques se trouvant dans les prisons de la République Islamique soient exécutés. Cela incluait quatre mille membres de l'organisation

Hein? Des milliers de personnes plus importantes que toi ont crevé dans nos cachots. Tu penses que je vais te laisser en vie, sortir d'ici et continuer à jouer au héros? Je changerai de nom si on ne t'exécute pas dans les trois jours. Maintenant dégage de ma vue. Si tu as un testament à écrire, écris-le. Je suis désolé, tu n'as pitié ni de toi-même, ni de ta famille ».

De retour dans le cachot, je frissonnais en repensant au ton et aux menaces de l'enquêteur. Mais je me bornais à penser qu'il ne s'agissait que de menaces, je n'ai jamais eu la conviction qu'il disait la vérité. Deux jours plus tard, le gardien ouvrit la porte et m'annonça d'un ton solennel « enfile ces vêtements propres, prépare-toi, tu vas rencontrer tes parents, ils veulent te voir une dernière fois ». Cela me fit perdre tous mes moyens. Je ne voulais pas du tout rencontrer ma famille, je n'avais rien à leur dire. Je n'aurais pas pu les regarder dans les yeux. Je ne pourrais pas supporter les larmes de ma mère. Je ne savais pas comment leur expliquer la situation. C'était pour moi la pire des tortures.

Je me lavai les mains et le visage et fut emmené dans la salle des visites. Le maton me dit « vas- y, entre et enlève ton bandeau. Attends tes parents ». Quand j'ouvris les yeux, je vis que j'étais dans une pièce meublée et propre, avec une grande fenêtre en verre. Je m'assis. Je ressentais une grande anxiété à l'idée de voir mes parents ; comment leur faire face ? Alors que j'étais dans ces questionnements intérieurs, l'homme ouvrit la porte et me dit :

- C'est fini. Tes parents t'ont vu.

---

des Moudjahidines du Peuple qui se trouvaient en prison l'été 1988.

- Mais moi, je n’ai vu personne !
- Tu ne les as pas vus, mais eux, ils t’ont vu par cette fenêtre, ta mère ne t’a pas reconnu ! On ne leur a pas dit que tu serais exécuté. Tu pourras les voir demain. Il n’est pas encore trop tard, réfléchis bien, si tu ne penses pas à ta jeunesse, aie au moins pitié de ta mère éplorée. Qu'ont-ils fait pour que tu les fasses souffrir autant?

Il revint quelques jours plus tard et m'annonça avec gravité :

- Je suis désolé, tout est fini, le moment de ton exécution est arrivé, c’est toi seul qui t’es mis dans cette situation.
- Mais je n’ai pas encore vu mes parents !?
- Qu’est-ce que tu as fait de bien pour tes parents ? Qu’est-ce que tu leur as apporté à part la misère et la tristesse ? Si ton père avait engrossé un âne, un crétin difforme serait né. Est-ce que ça n'aurait pas mieux valu ? Il n’aurait pas posé autant de problèmes à ses parents .

Je croyais toujours qu'il s'agissait de paroles en l'air. Je pensais que mes parents étaient là pour me voir. D'après le chemin et le bruit d’ouverture et de fermeture des portes, je réalisai que l'on m'emmenait à l'extérieur du bâtiment. Je sentais qu’il y avait plusieurs personnes. Mon tortionnaire me dit : « Je t’avais déjà dit que tu ne pourrais pas survivre si tu ne disais pas la vérité. Mais tu as pris tout ça comme un jeu, voilà le résultat ! Tu seras exécuté dans une minute. Je te donnerais quelques secondes chance à condition que tu changes d'avis. C’est à toi de choisir ».

Je croyais toujours à une mise en scène. J’attendais de voir ce qui allait se passer. Après quelques minutes, il cria : « Peloton d'exécution, face à la cible, en joue, feu » ! J'entendis les cliquetis de l'armement de fusils. Tout

devint noir devant mes yeux. Je tressaillis. Mes lèvres devinrent sèches. Je voyais ma propre mort. Je n'avais pas beaucoup de temps pour réfléchir. J'ai voulu crier « Ne tirez pas, d'accord, je dirai toute la vérité » mais tout d'un coup, j'entendis des déflagrations sans bruit bruits d'impacts, puis le silence.
C'était incroyable mais j'étais toujours vivant. Depuis le début, il s'agissait d'un scénario pour me faire peur et me faire parler. Je me retrouvai une fois de plus dans ma cellule. J'avais échappé à un grand péril. En effet, s'ils avaient « tiré » quelques secondes plus tard, je leur aurais tout dit et tous mes efforts de résistance aux tortures auraient été réduits à néant. De plus, j'aurais certainement été envoyé en prison à perpétuité. J'ai levé mes mains vers le ciel et j'ai dit : « ô Dieu, merci ! Tu m'as aidé de nouveau ! ».
Deux jours plus tard, l'homme est revenu et m'a dit : « Tu vas aller prendre une douche et te raser, demain tu vas au tribunal ». J'étais tellement heureux en l'apprenant. Je n'étais pas sûr de la tournure que le jugement prendrait mais je sentais que la fin de mon calvaire dans cette prison était proche. J'étais physiquement à bout. Pourtant, j'avais bien réagi, j'avais résisté et je serais bientôt hors d'atteinte de mes geôliers. Je ne savais pas ce que la police secrète avait écrit dans son rapport d'enquête destiné au tribunal mais comme je n'avais rien avoué, j'étais sûr de ne pas être condamné à une peine trop lourde.
Le lendemain matin, on me fit sortir avec les mains attachées et les yeux bandés. On me fit monter dans une Peugeot. Au bout d'un quart d'heure, un homme dont j'entendais la voix pour la première fois m'enleva le bandeau. Je ne pouvais pas croire ce que je voyais de mes propres yeux. Les rues, la foule, les voitures et les

magasins... Voir tout cela me comblait de gaieté. Lorsqu'on arriva au tribunal révolutionnaire islamique, on monta au troisième étage et, après une demi-heure d'attente, on entra dans le bureau du juge. C'était un homme d'environ cinquante ans, avec un air mature et sérieux. Il avait mon dossier sous les yeux. Dans la même pièce, un secrétaire s'affairait sur un ordinateur. Le juge dit à l'agent de la police secrète qui m'accompagnait d'attendre dehors. Cela me mit en confiance. Je compris que c'était une personne intègre. Il m'invita à m'asseoir par un geste de la main. Après quelques instants, il leva sa tête et me demanda calmement, avec un ton réprobateur:
« Qu'est-ce que vous voulez prouver en faisant ces choses-là ? Au lieu de vous compromettre dans ces jeux enfantins, pourquoi vous ne pensez pas à votre propre vie ? Vous êtes jeune et émotif. Vous cherchez à jouer au héros. Si vous vous fichez de votre vie, pensez au moins à votre famille. Vous qui êtes instruit et qui avez étudié le droit, pourquoi donc faites-vous ces choses-là ? Vous êtes destiné à vous retrouver à ma place et à agir sur le monde de manière concrète. Vous n'avez pas fait des études pour vous retrouver dans une situation si indigne, entravé par des menottes ! ».
Ensuite, il me posa quelques questions sur mon identité et sur ce qu'on me reprochait. J'insistai une fois de plus sur mon innocence. Je n'avais rien avoué du tout. Il me dit : « Tout est pourtant bien écrit noir sur blanc dans votre dossier. Vous avez commis des erreurs, je ne veux pas aggraver votre cas et vous envoyer trop longtemps en prison. Je vous laisse une chance, à condition de ne pas récidiver et vous occuper de construire votre vie ».

Mon audition devant le juge dura une trentaine de minutes. Il demanda au greffier: « Rédigez son acte de détention provisoire, qui fera loi jusqu'à ce que je délivre la sentence définitive » . Accompagné de l'agent de la police secrète je fus conduit à la prison centrale. Quand je vis les hauts murs effrayants de la prison, au lieu d'avoir peur, je ressentis de la joie. Je savais bien que les moments terribles passés dans la prison de la police secrète étaient dorénavant derrière moi et que de meilleurs jours m'attendaient à la prison publique. Je n'avais aucune idée de la durée de ma peine de prison mais d'après le ton du juge et la teneur de l'audience, je m'attendais à rester enfermé un an au maximum. Ce n'était pas une épreuve insurmontable.
Après avoir pris mes empreintes digitales, m'avoir rasé la tête, m'avoir pris en photo puis fait enfiler une tenue de prisonnier, ils m'envoyèrent dans la cellule n°8 au bloc carcéral des jeunes. Le responsable du bloc m'exposa le règlement et m'avertit : « J'espère que tu ne poseras pas de problème, sinon tu seras envoyé en cellule d'isolement ». La cellule n°8 était occupée par quinze prisonniers. Un lit superposé au troisième niveau me fut attribué. Comme depuis l'enfance j'avais peur de dormir sur un lit en hauteur, je préférais dormir sur le sol .L'un des prisonniers me laissa sa place et alla dormir sur le lit superposé. Dans ce bloc carcéral, il y avait presque trois cent cinquante jeunes, âgés de dix-huit à trente-cinq ans. Les jeunes étaient enfermés à 10, 15 ou 20 dans des cellules de taille variable, et quels que soient leurs délits : assassinat, bagarre, trafic de drogue, bandit, vol de matériel militaire, homosexualité, relations hors mariage, consommation d'alcool etc …

En me basant sur mon expérience de juriste dans les prisons pendant mon service militaire, je savais bien qu'il ne fallait pas qu'on me perçoive comme un intellectuel ou une personne calme et pacifique, sinon je deviendrais le souffre-douleur. Il fallait que je renvoie une image de brute. C'est pourquoi je ne disais jamais que j'étais là pour un crime politique, mais pour des bagarres. Au fur et à mesure, je fis connaissance avec les prisonniers et j'entretenais de bonnes relations avec certains. Il y avait un prisonnier malade, qu'on disait atteint du SIDA. Pour cette raison, les autres prisonniers se tenaient à l'écart de lui.
Les prisonniers étaient séparés en plusieurs groupes selon leur langue, leur dialecte, leur ville natale ou leur crime. Je dus m'intégrer à un groupe, sans quoi j'aurais été importuné par d'autres prisonniers. Il y avait constamment des querelles entre les détenus. Ils se battaient pour des broutilles, comme la queue pour aller aux toilettes ou à la douche, ou encore une boîte de thon. Les bagarres étaient systématiques lorsqu'il s'agissait de déterminer le tour de nettoyage des toilettes ou le choix des programmes de télévision, notamment les matchs de football. Des camps opposés soutenant une équipe ou l'autre se formaient et ça finissait toujours en pugilat. Moi, je connaissais à peu près tous les prisonniers mais j'étais plus proche de certains que d'autres. J'avais des bienfaiteurs qui me protégeaient face aux autres prisonniers.
Mon meilleur ami était un prisonnier turc très calme et poli. Il avait été envoyé en prison à l'âge de seize ans, pour assassinat. Il avait été condamné à mort mais comme au moment de son jugement il avait moins de dix-huit ans, on n'avait pas encore pu l'exécuter. Quand je l'ai

connu, il avait vingt ans et sa condamnation venait d'être confirmée par la Cour Suprême. Il attendait tous les jours qu'on vienne le chercher pour être exécuté. Ce stress lui causait des crises d'épilepsie. Chaque fois qu'il avait une attaque, il cognait sa tête contre le lit, sa bouche se crispait et il serrait les dents tellement fort qu'il aurait pu se couper la langue. En s'y prenant à plusieurs à chaque fois, il fallait lui ouvrir très vite la bouche et le masser jusqu'à ce qu'il revienne à lui .

Après un mois, on me notifia la décision du tribunal :

« Suite au contenu de l'acte d'accusation n° 4187-15/1 délivré par le ministère publique, monsieur Rehmany Jabar, fils de Mostafa, titulaire de l'acte de naissance n° 1387, date de naissance : 23 septembre 1978, lieu de naissance : canton Bayangan, est accusé de propagande contre le régime, diffusion de mensonges et perturbation des mentalités publiques, par le biais des interviews qu'il a accordées aux radios étrangères ainsi que la diffusion de livres politiques égarés. Du fait que cette personne ait commis ces actes à plusieurs reprises et qu'il y ait des preuves confirmant ces délits, le tribunal Révolution Islamique reconnaît ces derniers comme fondés, et condamne à 6 mois de prison ; conformément à l'article 698 du code pénal islamique ».

Ce fut l'un des meilleurs jours de ma vie. Le juge, faisant preuve de sagesse et de retenue, me condamna à la peine minimale. Ce fut tout à son honneur. Je m'y attendais le moins du monde. Je m'habituais à la prison, je m'y fis de bons amis. J'en apprenais plus sur leurs vies. Plusieurs avaient été condamnés à de longues peines, de trois jusqu'à vingt ans. Ils n'entretenaient aucun espoir de retrouver la liberté. Ceux qui avaient fondé une famille regardaient tous les jours les photos de leur femme ou de leurs enfants et pleuraient. Ceux qui avaient été condamnés à mort pour trafic de drogue attendaient leur exécution avec détachement. Chaque mois, on en appelait quelques-uns sans préavis, on les envoyait passer la nuit dans les cellules d'isolement et le matin à l'aube, on les amenait au gibet où ils étaient pendus.[35] C'est seulement après que l'exécution ait eu lieu que la famille était informée, pour venir chercher le corps. Si le lendemain matin les détenus envoyés à l'isolement ne revenaient pas dans le bloc carcéral, on comprenait qu'ils avaient été exécutés. Les prisonniers se partageaient leurs affaires, ce qui provoquait souvent des conflits.

J'entendis par des amis proches que certains prisonniers avaient des relations sexuelles la nuit. Dans la prison, les choses les plus chères étaient l'opium et l'héroïne. En revenant au bloc carcéral, les prisonniers qui avaient vu leur femme en visite rapportaient de la drogue et la vendaient à des prix très élevés aux autres détenus. Certains espionnaient pour le responsable du bloc carcéral. Si on l'informait d'un trafic de drogue, il envoyait par surprise les soldats et les gardiens mener des inspections dans le bloc. Ils cherchaient minutieusement dans les affaires des prisonniers mais ils n'arrivaient jamais à en trouver aucune trace. Un jour, un jeune homme avait passé un an en prison sans être mis au courant de sa peine. Afin de protester, il se mit en grève de la faim en se cousant les lèvres. Le responsable du bloc

---

[35] La Chine et l'Iran sont les pays qui pratiquent le plus d'exécutions capitales dans le monde. Chaque année en Iran, environ mille personnes sont exécutées par pendaison. La plupart sont des trafiquants de drogue. Ensuite viennent les meurtriers, les bandits et les prisonniers politiques. Environ 40% de ces exécutions ont lieu en public, dans la rue.

carcéral débarqua avec des soldats gardiens, qui frappèrent le frêle jeune homme de toutes leurs forces. A chaque coup dans le ventre, il criait et un point de couture de sa bouche sautait. Après une demi-heure de bastonnade, ses lèvres cousues se détachèrent l'une de l'autre et c'en était fini de sa grève de la faim.
Je supportais la prison car je savais que j'allais être libéré au bout de quelques mois. La prison était comme un cadeau pour moi, qui avais enduré la solitude et les tortures dans la prison de la police secrète. Mais je n'étais en fait sûr de rien, il était tout à fait possible que je retourne chez eux. Je pensais toujours à la possibilité que dans le cas où ils trouveraient un justificatif contre moi, je sois renvoyé là-bas et j'y sois encore plus sauvagement torturé. Dans ce cas de figure, je passerais de très longues années derrière les barreaux. Alors que j'attendais ma libération d'ici quelques semaines, la police secrète vint me voir. C'était l'homme qui était venu m'interroger la première fois .Lorsqu'il me vit, il me dit en souriant :

- Bon, quoi de neuf?
- Ca va, rien de spécial.
- S'il y a rien de spécial, alors pourquoi les médias anti-révolutionnaires t'encensent-ils autant?
- Vraiment ? Quels médias?
- Les médias étrangers, en particulier le PDKI. Ils font de toi un héros et tu n'es pas au courant?
- Même ma propre famille ne sait pas que je suis ici, alors comment des médias situés en dehors du pays pourraient le savoir?
- T'as pas changé d'avis ? Tu ne veux toujours pas dire la vérité? Bon, est-ce que t'as réfléchi pendant tout ce temps ?

- Je vous ai déjà dit toute la vérité, je n'ai rien d'autre à dire.

- Bon, alors c'est quoi la suite du programme ? Tu veux faire quoi après ta libération?

- Je sais pas encore.

- Tu n'as plus de passeport iranien. D'ailleurs tu étais prisonnier politique, tu as de mauvais antécédents, tu ne peux travailler nulle part à cause de ton passé. Donc, le seul choix qui te reste est de collaborer avec nous. Si tu veux, on pourrait coopérer, on te rendra service. Tu as commis des erreurs dans le passé mais tu as une occasion de te racheter. Où que tu ailles, on saura ce que tu fais. On a des mouchards partout. Réfléchis-y bien. Si tu changes d'avis, fais-le moi savoir.

- Ok, d'accord.

Après cet entretien, j'étais soulagé. Ils n'avaient aucune preuve contre moi et j'allais bientôt sortir de prison.

Le jour de ma libération approchait. Je décidai de partir au Kurdistan irakien après être sorti. Or, comme je n'avais pas de passeport, je devrais m'y rendre clandestinement. Pour ne rien arranger, je n'avais aucun sou en poche. Je devrais demander de l'aide à des amis. Quelques jours avant ma libération, un prisonnier avec qui je n'étais pas vraiment très proche avait été libéré. Il m'avait promis de m'attendre à la porte de la prison le jour de ma sortie. Je n'étais pas sûr qu'il tienne parole. Mais le jour tant attendu, il était bien là, comme prévu, devant la porte. Nous nous embrassâmes amicalement. Il m'emmena chez lui. Sa femme nous accueillit chaleureusement. Deux jours plus tard, il trouva une personne de confiance dans un village frontalier du nom de Chérikava. Le village était proche des frontières du Kurdistan d'Irak et de Turquie. Il faisait très froid, il avait beaucoup neigé. Le village était sous la surveillance des Pasdars car quelques jours auparavant, de violents combats y avaient opposé les Pasdars et le PJAK. Plusieurs Pasdars avaient été tués. Les Pasdars avaient lancé des grenades à main dans une maison du village car ils pensaient que les combattants du PJAK s'y étaient réfugiés. Une femme et son enfant de trois ans avaient trouvé la mort.

Dans ce climat tendu, je devais prendre garde à ne pas attirer les soupçons. Je ne portais pas mes lunettes et j'avais enfilé des vêtements kurdes. J'attendais à l'extérieur du village que la nuit tombe. En suivant les indications de mon ami, je trouvai la maison de l'homme qui pourrait me faire traverser la frontière. Une vieille dame que je pensais être sa mère m'ouvrit la porte. Je lui dis « Je cherche votre fils qui s'appelle untel». Elle me répondit « Vous faites erreur, je n'ai pas de fils qui s'appelle ainsi ». Puis, elle referma calmement la porte. Désappointé, je me mis à marcher vers la sortie du village. Tout d'un coup, un homme arriva et me dit « Je suis la personne que tu recherches». Il s'excusa du comportement de sa mère et m'expliqua « Elle a eu peur que tu sois un espion des Pasdars, c'est pour ça qu'elle ne t'a pas laissé entrer ». Il m'emmena chez lui. Cette fois, sa mère me réserva un accueil chaleureux et s'excusa. Je passai la nuit chez eux.

Au lever du jour, l'homme nettoya sa kalachnikov et me donna une tenue kurde destinée au froid et une paire de chaussures épaisses. Lorsque tomba la nuit, sans faire de bruit, on prit la route avec prudence vers les montagnes au nord du village. On y attendit jusqu'à l'aube. On se remit ensuite en chemin vers la frontière du Kurdistan d'Irak. Comme il avait neigé, je marchais avec lenteur. L'homme portait toutes les affaires. On enleva nos chaussures et nos chaussettes pour traverser la rivière Gadar, qui était proche de la frontière entre l'Iran et l'Irak. On alluma du feu, on se réchauffa et on prit du pain, du thé sucré et des noix pour le petit-déjeuner.

L'étape la plus difficile et la plus dangereuse du périple était devant nous. Il fallait gravir une montagne imposante en empruntant un sentier. Au sommet se trouvait un poste des Pasdars protégé par des mines antipersonnelles. L'homme marchait très prudemment et m'ouvrait la route. Je marchais pas à pas en suivant ses traces, afin de ne pas m'écarter de l'étroit chemin et de ne pas marcher sur une mine. On arriva au sommet de la montagne à midi et on entra sur le territoire du Kurdistan d'Irak. On arriva dans une étroite plaine du nom de Khiniré, où se trouvait le poste de douane des miliciens du PKK. On déjeuna auprès d'eux.

Comme je n'avais pas de laissez-passer, je louais à un prix très élevé la voiture d'un habitant pour me rendre dans la ville de Souran par des chemins détournés afin d'éviter de rencontrer la police. Comme la route montagneuse était très escarpée et encombrée de neige, le chauffeur arrêta plusieurs fois la voiture dans le froid et me proposa de rentrer au village. J'insistai pour continuer et il n'eut d'autre choix que de poursuivre sa route. On arriva à Souran le soir. Je me présentai dans plusieurs hôtels mais comme je n'avais pas de laissez-passer, on refusa de me louer une chambre pour passer la nuit. Je partis prendre le document au commissariat de police. Après un échange de questions/réponses, on me donna le document que je pourrais présenter à l'hôtel afin d'obtenir une chambre. Le lendemain, il fallait revenir au commissariat avec un garant, afin d'obtenir le laissez-passer pour Erbil. Je téléphonai à un ami, qui appela l'un de ses proches qui habitait à Souran pour qu'il m'accompagne et soit mon garant. Après avoir obtenu le précieux sésame, je pris la route vers Erbil. La ville était ensoleillée, il faisait doux. J'allai voir un ami qui était journaliste.

Suivant ses conseils, je contactai « Amnesty International » pour obtenir le statut de réfugié politique. Je leur envoyai mes documents. Après environ dix jours, suivant leurs recommandations, je me rendis au Consulat de France à Erbil. L'un des employés du Consulat m'emmena dans son bureau et après une heure d'entretien, fit des photocopies de mes justificatifs. Il me promit d'envoyer mon dossier à Paris le plus rapidement possible. Il avait l'air d'être une personne humaine et consciencieuse. Je savais qu'il allait faire de son mieux pour m'aider. Il me précisa néanmoins que son travail était seulement de mener les entretiens et d'envoyer les justificatifs, et que la décision serait prise en toute fin par le Ministère des Affaires Etrangères. Il me dit également qu'après un délai d'un mois, la réponse serait envoyée de Paris. D'après lui, il y avait une chance sur deux que l'on accède à ma demande. Il me tiendrait informé de la réponse un mois plus tard.

Un peu démoralisé, je sortis du Consulat. J'étais dans l'expectative. D'après ce que je savais sur la diplomatie humanitaire de la France, j'avais le sentiment que je recevrais une réponse favorable. Après environ vingt-huit jours, l'employé du Consulat me téléphona. Il me félicita en m'informant que l'Etat français avait donné son accord pour ma demande d'asile. C'était difficile à croire, j'avais l'impression d'être projeté dans un rêve. Ce fut véritablement le meilleur jour de mon existence. L'excitation m'empêcha de trouver le sommeil. La France faisait dorénavant partie de moi. J'ouvrais mon agenda, je regardais la carte de la France et je l'embrassais. J'étais tellement heureux de partir pour le pays de notre mère, Danièle Mitterrand et de notre cher frère, Bernard Kouchner [36] ; le pays qui avait soutenu les Kurdes pendant les jours les plus sombres et qui avait accueilli nos dirigeants persécutés ; un pays à l'avant-garde de la liberté, à la brillante histoire, à la littérature si riche, au peuple chaleureux et humaniste ; un pays dont la capitale, Paris, évoquait le rêve et le romantisme .

Le lendemain, je retournai au Consulat. J'y apportai ma photo et les documents justificatifs nécessaires. Je tins à remercier en personne Monsieur le docteur Frédéric Tissot, Consul de France et vieil ami des Kurdes, qui m'avait aidé à faire accepter ma demande d'asile. Il me montra du doigt une grande photo où on le voyait aux côtés de Ghassemlou, dans les années 1980 à Qadil. Il me dit : « Ne me remerciez pas, remerciez-le lui. S'il n'avait pas été là, je n'aurais pas fait connaissance avec le peuple kurde et la France n'aurait pas ouvert de consulat au Kurdistan ».

Le 14 mai 2010, j'étais dans un Airbus à destination de Paris. J'observais l'extérieur par le hublot, en faisant le bilan de mon existence ; les souvenirs de mon enfance, la guerre Iran-Irak, les habitants simples et purs du village de mon grand-père, les souvenirs de l'université, mon service militaire, mon métier de journaliste puis mon arrestation et la prison. J'avais passé trente années de ma

---

[36] En raison de leur soutien inconditionnel aux droits du peuple kurde (en particulier d'Iran et d'Irak), Danielle Mitterrand et Bernard Kouchner sont des figures très respectées. Les Kurdes d'Iran et d'Irak considèrent Danielle Mitterrand comme leur mère et Bernard Kouchner comme leur frère.

vie à traverser des périodes de crise, à devoir affronter des difficultés et vivre des aventures. Je n'avais pas eu de moment de joie dans ma vie, je n'avais jamais vécu la plénitude d'avoir un foyer stable, une femme et des enfants. Je n'avais jamais passé une nuit sans ressentir du chagrin. J'avais toujours payé le prix fort pour continuer à respirer; c'était le prix à payer pour mon choix de vie, la démarche de lutte que j'avais entreprise. Un choix qui m'avait plusieurs fois fait frôler la mort. J'y avais à chaque fois échappé, miraculeusement.

Je me demandais s'il n'aurait pas mieux valu prendre un autre chemin, comme beaucoup de mes amis qui n'avaient pas eu à affronter toutes ces difficultés. J'avais gâché trente années de ma vie sans aucun résultat, et là, avec toutes ces difficultés passées et cette tristesse que j'avais en moi, j'arrivais dans un pays étranger dont je ne connaissais pas même un mot de la langue. Un pays dont je ne connaissais pas la culture et où je n'avais ni soutien familial, ni ami. Comment pouvais-je espérer oublier mon passé et rebâtir une nouvelle vie ? D'un côté j'étais content de ne plus être dans un pays où je n'avais aucun droit, d'un autre côté comment pouvais-je accepter le fait que ne reverrai jamais ma famille, surtout ma mère ?

La voix du pilote me fit sortir de mes idées noires. Il annonçait l'atterrissage imminent à Paris. Je ne savais pas où aller dans cette ville étrangère qui m'était totalement inconnue. Le seul lieu qui me vint à l'esprit fut une église. Une rencontre fortuite pleine d'amour entre le prêtre et Jean Valjean dans *Les Misérables* de Victor Hugo était gravée dans ma mémoire depuis l'enfance. J'étais sûr que l'on ne me rejetterait pas, là-bas.

Lexique

ANSAR AL-ISLAM signifie les partisans de l'islam, était l'organisation militaire islamiste la plus radicale des Kurdes, elle régissait quelques villages à la frontière du Kurdistan d'Iran et d'Irak. Son chef était Mala (mollah) Krekar, il est né le 7 juillet 1956 et vit en Norvège depuis 1982.

L'aile extrémiste du mouvement islamique kurde irakien était composée de groupuscules comme le *Djihad islamique,* les *Peshmergas de Soran* et le *Tawhid,* qui se séparèrent du MIK (Mouvement Islamique du Kurdistan) en 1998 et 1999 et étaient dirigés par Mala Krekar et cheikh Salman. *Ansar al-Islam* fut créée en 2001, l'organisation était composée de deux groupes d'extrémistes islamistes : *Jund al Islam* (soldats de l'islam) et le groupe de Mala Krekar. *Jund al Islam* était dirigé par Abou Abdalla al Shafihi, qui alla se battre en 1993 en Afghanistan contre les Russes. La base d'*Ansar al-Islam* se situait dans les montagnes près de Halabja à côté de la frontière iranienne. Ses membres comprenaient des Kurdes, des Arabes et des Afghans.

Ansar al-Islam était suspectée d'avoir des liens plus ou moins proches avec *al-Qaïda.* Il semblerait que certains membres d'*Ansar al-Islam* aient bénéficié d'une formation dans les bases afghanes d'*al-Qaïda.* Le groupe imposa le modèle des Talibans au Kurdistan d'Irak, c'est à dire un système religieux profondément conservateur. *Ansar al-Islam* interdit les appareils électroniques telles que la télévision et la radio, imposa aux hommes le port de la barbe et exigea que les femmes s'habillent de robes très longues et qu'elles couvrent leur visage.

Ansar al-Islam fit la guerre contre le PUK (union patriotique du Kurdistan). Des combats sanglants eurent lieu à l'automne 2001 et de nouveau à l'automne 2002. Le 23 septembre 2001, les combattants d'Ansar al-Islam attaquèrent le village de Ghilihama, les villageois furent battus et 42 peshmergas du PUK massacrés et leurs cadavres mutilés. En avril 2002, *Ansar al-Islam* essaya d'assassiner Barham Salih, le premier ministre de l'administration du PUK à Sulaymaniya et en février 2003 assassina lâchement, Shawkat Haji Mushir, un dirigeant du PUK alors qu'il tentait de négocier avec eux.

Après l'arrestation de Mala Krekar en septembre 2002 aux Pays-Bas, Mala Mohammed Hasan devint le nouveau leader. Le groupe disposait également d'une *shura* (conseil de leadership) formée de quinze membres qui opérait à partir du village de Beyara. Début 2003, *Ansar al-Islam* comptait environ six cents combattants, ce chiffre serait sous-évalué selon certains. Le groupe gérait des camps d'entraînement offrant des formations sur les armes d'infanterie, les stratégies militaires, les attentats suicide et les assassinats. Ces entraînements au combat faisaient l'objet d'enregistrements vidéo qui étaient ensuite diffusés sur le web.

En janvier 2003, l'armée américaine circulant en mer rouge lança des missiles contre les bases d'*Ansar al-Islam* et simultanément les forces du PUK attaquèrent celles d'*Ansar al-Islam*. Les combats durèrent plusieurs jours, au cours desquels *Ansar al-Islam* subit de nombreuses pertes humaines, parmi les survivants certains s'échappèrent en Iran. A la suite de ces événements, l'organisation *Ansar al-Islam* disparut.

Mollah Krekar fut arrêté à l'aéroport de Téhéran et expulsé vers les Pays-Bas. Après une détention de quatre mois, il repartit en Norvège. De 2003 jusqu'à maintenant, il vit en Norvège sans aucun droit de citoyenneté mais sa femme et ses quatre enfants sont reconnus comme citoyens de ce pays. De 2003 à 2010, il fut arrêté et jugé huit fois mais il ne fut pas emprisonné. Dans la nuit du 24 janvier 2010, trois coups de feu furent tirés à travers l'une des fenêtres de son appartement à Oslo et son gendre fut légèrement blessé. Le 26 mars 2012, Mollah Krekar fut condamné à 5 ans de prison pour avoir proféré des menaces de mort et il fit appel. Le 26 mars 2012, il fut arrêté de nouveau pour avoir perpétré des menaces contre deux Kurdes et le leader du Parti conservateur.

Le 29 août 2012, le tribunal d'Oslo le condamna à une année supplémentaire sur les cinq qu'il devait purger. Le 6 décembre 2012, la cour d'appel l'acquitta pour les accusations d'incitation au terrorisme mais le reconnut coupable de quatre chefs d'accusation pour intimidation avec circonstances aggravantes. La cour d'appel condamna Mollah Krekar à payer cent trente mille couronnes (environ seize mille euros en 2013) de dommages et intérêts en compensation, à chacun des trois Kurdes qu'il avait menacés et d'effectuer une peine de prison de 2 ans et 6 mois, moins les 255 jours qu'il avait passés en garde à vue. En janvier 2015, Mollah Krekar fut libéré et assigné à résidence dans un village norvégien.

Le bombardement chimique de Halabja (en kurde : *Kimyabarani Halabja*) est également connu sous le nom de « massacre d'Halabja » ou « vendredi sanglant », était un bombardement aux armes chimiques perpétré par le régime irakien contre le peuple kurde de la ville d'Halabja, le 16 mars 1988. Ce fut la plus grande attaque aux armes chimiques contre des civils dans l'histoire.

Le 15 mars 1988, lors de la phase finale de la guerre Iran-Irak, l'armée iranienne avec l'aide du PUK (union patriotique du Kurdistan) envahit la ville kurde d'Halabja au Kurdistan irakien qui se situe à environ deux cent quarante kilomètres au nord-est de Bagdad et à quinze kilomètres de la frontière iranienne. Le 16 mars, des avions de l'armée irakienne attaquèrent avec des bombes chimiques la ville d'Halabja et en quelques minutes environ cinq mille personnes furent tuées et environ dix mille blessées (90 % des victimes étaient des civils, notamment des femmes et des enfants). Les survivants d'Halabja trouvèrent refuge en Iran et la majorité fut transportée par l'armée iranienne dans les hôpitaux iraniens où beaucoup d'entre eux moururent.

Le 17 mars, l'armée iranienne emmena environ trente journalistes occidentaux à Halabja. Les photos et les films qui furent diffusés montrant les routes, les rivières et les vallées jonchées de victimes, choquèrent la communauté internationale. Les victimes étaient principalement humaines mais ni les animaux domestiques ou d'élevages, ni la faune locale, ni les cours d'eau, ni la terre ne furent épargnés. Le 18 mars, les corps d'environ cinq mille personnes furent enterrés dans des fosses communes.

Le massacre d'Halabja ne souleva pas de protestation de la communauté internationale en mars 1988. A l'époque, l'Irak était perçu comme un rempart contre le régime islamique d'Iran et il était alors soutenu par les Occidentaux, l'URSS et l'ensemble du monde arabe (à l'exception de son rival syrien). Après l'attaque chimique, la France se contenta d'un communiqué « condamnant l'usage d'armes chimiques où que ce soit ». L'ONU de son côté, dans un rapport rendu public le 26 avril 1988, nota

simplement que « des armes chimiques furent de nouveau employées tant en Iran qu'en Irak » et que « le nombre de victimes civiles augmente ».
En 1989, la moitié des réfugiés revenus des camps du Kurdistan iranien vers le Kurdistan irakien, s'installèrent dans une nouvelle ville appelée *Halabjay Tazeh* (nouvelle Halabja). Des milliers d'autres moururent, ceux qui survécurent à l'attaque et ou qui n'étaient apparemment blessés que légèrement à l'époque, développèrent par la suite des problèmes médicaux liés aux produits chimiques. Les médecins craignaient que l'attaque ait un impact durable sur les gènes de la population kurde, d'ailleurs les enquêtes préliminaires le montrèrent avec l'augmentation du taux de malformations congénitales. Les médecins encore aujourd'hui constatent de nombreux problèmes de santé sur les populations ayant vécues dans la zone de l'attaque.
Le massacre d'Halabja était la première des huit phases de la campagne de génocide des Kurdes appelée *Anfal* qui dura de février à septembre 1988, conduisant à l'élimination de plus de cent quatre-vingt mille civils kurdes. La campagne prit son nom de la sourate *al-Anfal* dans le Coran qui explique le triomphe de trois cent dix-neuf adeptes de la nouvelle foi musulmane contre neuf cents païens à la bataille de Badr en 624. *Al Anfal* signifie littéralement le butin (de la guerre) et fut utilisé pour décrire la campagne militaire d'extermination et le pillage du bétail, des biens, des armes et même l'enlèvement des femmes kurdes qui était légal. Ces actions furent ordonnées par le régime irakien et commandées par Ali Hassan al-Majid (cousin de Saddam Hussein) et ses unités. Le 26 mai 1987, Ali Hassan Al Majid déclara devant les responsables du parti Baas : « Dès que nous

aurons terminé les déportations, nous commencerons à les attaquer (les pershmergas) de partout. Nous les encerclerons alors en petites poches et les attaquerons avec des armes chimiques. Je ne les attaquerai pas avec des armes chimiques juste une journée, je continuerai à les attaquer pendant quinze jours. Je vais les tuer tous avec des armes chimiques ! Qui va dire quelque chose ? La communauté internationale ? Qu'elle aille se faire foutre ! ». Deux cent mille soldats irakiens furent affectés à cette campagne de génocide qui eut recours à des offensives terrestres, des bombardements aériens, des destructions systématiques de zones d'habitations civiles, des déportations massives, la mise en place de camps de concentration, des exécutions sommaires et l'utilisation massive d'armes chimiques, ce qui valut à Ali Hassan Al-Majid le surnom « d'Ali le chimique ».

D'après le tribunal spécial irakien, cent quatre-vingt-deux mille civils furent tués et plus de deux mille villages détruits. D'après *Human Rights Watch* quatre mille cinq cent villages (90 % des villages de la région) furent détruits ainsi que mille sept cent cinquante-quatre écoles et deux cent soixante-dix hôpitaux, deux cent cinquante villes et villages furent exposés aux armes chimiques et un million des trois millions cinq cent mille habitants kurdes d'Irak furent déplacés en 1988. La population kurde capturée fut transportée vers des centres de détention, les adultes et les adolescents furent séparés, transférés par camions dans les déserts du sud de l'Irak et la moitié d'entre eux furent enterrés vivants. Régulièrement l'on découvre encore des corps de femmes et d'enfants kurdes dans les déserts du sud et du centre de l'Irak.

En juin 2006, le tribunal spécial irakien annonça la tenue prochaine du procès *Anfal,* impliquant Saddam Hussein et six coaccusés. Le procès débuta le 21 août 2006 et Saddam Hussein devait se présenter au tribunal en décembre 2006. Il fut exécuté le 30 décembre 2006 car il était déjà condamné à mort dans le procès de Dujail, toutefois le procès *Anfal* continua pour les coaccusés. Le 23 juin 2007, Ali Hassan al-Majid, le Sultan Hashem Ahmed et Hussein Rashid Mohammed furent reconnus coupables de génocide et furent tous les trois condamnés à mort par pendaison. Le 1er mars 2010, le haut tribunal pénal irakien reconnut aussi le massacre d'Halabja comme un acte de génocide. Lors de son procès devant le tribunal pénal irakien, Ali Hassan Al Majid (Ali Kimyayi, Ali le chimique) reconnut avoir ordonné l'utilisation de gaz chimique contre les populations civiles kurdes du nord de l'Irak. Cet aveu lui valut d'être inculpé pour génocide. Ali Hassan Al Majid fut condamné à mort le 17 janvier 2010 et fut exécuté le 25 janvier 2010.

Les Kurdes d'Iran furent aussi victimes de l'arme chimique pendant la guerre Iran-Irak (1980-1988). Le 28 juin 1987, il y eut cinq cent personnes tuées et au moins deux mille blessés dans la ville de Sardasht au Kurdistan Iranien. C'était la première fois que l'arme chimique fut utilisée sur une zone civile peuplée depuis la seconde guerre mondiale. Le 22 juillet 1988, l'aviation irakienne utilisa des armes chimiques sur le village de Zarde dans la province de Kermanshah au Kurdistan iranien, deux cent soixante-quinze habitants furent tués et des centaines blessés. Le 2 août 1988, eut lieu la dernière attaque chimique irakienne, la ville d'Oshnaviyeh au Kurdistan iranien fut bombardée par un avion irakien et au moins un millier de personnes furent blessées.

Le génocide fait partie de l'histoire des Kurdes. A partir de 1937 jusqu'en 2000, la Turquie s'engagea dans des processus de génocide contre la langue, la culture et l'histoire des Kurdes. Après la fin de la révolte de Dersim en 1937, des milliers d'Alévis et de Zaza kurdes (quarante mille à quatre-vingt mille) moururent, plusieurs villages furent brûlés et des milliers de personnes furent déportées vers l'ouest de l'Anatolie. La Turquie nia l'existante des Kurdes en Turquie et prétendit que ces personnes étaient des « montagnards turcs ». Dès le début de la lutte du PKK, la Turquie brûla et détruisit environ cinq mille villages et en conséquence environ trois millions de Kurdes immigrèrent à Istanbul et Ankara et environ un million se réfugièrent dans les pays européens. Le 23 novembre 2011, le premier ministre turc, Recep Tayyip Erdoğan présenta des excuses pour le génocide de Dersim, le décrivant comme « l'un des événements les plus tragiques de notre histoire récente ».
Frans Van Anraat, un homme d'affaires néerlandais, fournit au régime de Saddam Hussein des substances chimiques qui permirent de produire les armes chimiques utilisées contre les Kurdes. Il vivait à Bagdad quand l'offensive américaine commença en 2003. A la chute de Saddam Hussein, Van Anraat retourna aux Pays-Bas. Le 6 décembre 2004, il fut arrêté pour complicité de crimes de guerre et génocide et fut poursuivi par le tribunal de La Haye. Le 23 décembre 2005, Van Anraat fut reconnu coupable de complicité de crimes de guerre et condamné à 15 ans de prison. La cour ne le condamna pas pour génocide, estimant qu'il ne pouvait pas connaître les « intentions génocidaires » du régime. Elle affirma cependant qu'un génocide eut bien lieu contre les Kurdes lors de l'opération Anfal. Avec ce jugement, le « gazage »

des Kurdes fut pour la première fois qualifié officiellement de génocide par un tribunal.

GUERRE IRAN-IRAK (septembre 1980 - août 1988) était la plus longue guerre du 20ème siècle, a fait entre 1 000 000 et 1 200 000 victimes. Elle eut des conséquences très négatives pour l'Iran et l'Irak, mais finalement « positives » pour les Kurdes.
Le 6 mars 1975, les accords d'Alger règlent les différends frontaliers entre l'Iran et l'Irak notamment celui de la souveraineté sur le fleuve Shatt-el-Arab et la province du Khuzestan. L'un des objectifs principaux de cet accord était d'empêcher l'Iran de fournir des armes aux Kurdes en lutte contre le régime Baasiste irakien. Ainsi Saddam Hussein concéda le fleuve Shatt-el-Arab à l'Iran afin que le Shah ne soutienne plus la révolte kurde menée par le général Mustafa Barzani. Immédiatement après la signature du traité d'Alger, la révolte kurde prit fin.
En septembre 1980, Saddam Hussein dénonça *le traité d'Alger* et attaqua l'Iran qu'il croyait, à tort, affaiblie par sa révolution islamique. Après les premiers succès irakiens, la guerre s'enlisa et de ce fait, mit en danger le mouvement national kurde en Irak et en Iran. L'Irak tenta d'utiliser les partis kurdes d'Iran (PDKI et KOMALA) contre le régime iranien, de même que l'Iran essaya d'employer les partis kurdes d'Irak (PUK et PDK) pour combattre le régime de Saddam Hussein. Ainsi le PDK et le PUK obtinrent le soutien militaire et politique de l'Iran et le PDKI et le KOMALA celui de l'Irak et ils engagèrent la guerre contre leur ennemi respectif. Cette situation permit aux Kurdes de devenir des acteurs majeurs au plan international, ce qu'ils n'étaient pas auparavant.

Avant la guerre Iran-Irak, les partis kurdes des deux pays étaient faibles et leurs activités politiques et militaires très limitées. Leur participation au conflit, aussi bien en Iran qu'en Irak, redonna au mouvement kurde l'espoir de voir triompher ses revendications autonomistes. Les partis kurdes iraniens et irakiens ne firent jamais confiance, ni au régime de Téhéran, ni à celui de Bagdad car ils subissaient dans les deux pays les mêmes interdictions et la même coercition. Toutefois, ils tentèrent de servir au mieux leur intérêt, certains partis kurdes reçurent parfois des armes et une aide logistique de l'Irak et l'Iran et même des informations secrètes sur les activités militaires de leurs ennemis.
La guerre Iran-Irak fit de nombreuses victimes civiles kurdes mais les Kurdes furent en quelque sorte les vainqueurs parce que suite à ce conflit l'Iran et l'Irak étaient politiquement et militairement très affaiblis alors que le mouvement kurde dans ces deux pays devenait plus fort. Durant la guerre, les deux gouvernements construisirent des routes et des ponts dans les montagnes de Kurdistan pour accéder au front ennemi. Par conséquent, les contacts entre les Kurdes d'Iran et l'Irak augmentèrent fortement, de nombreux réfugiés kurdes d'Irak s'installèrent au Kurdistan iranien et vice versa.
A la fin de la guerre, les Kurdes étaient beaucoup plus défavorisés qu'ils ne l'étaient à son début, mais la guerre du Golfe de 1991, devait libérer définitivement les Kurdes d'Irak du joug du gouvernement central.

JASH (veut dire petit âne) est un mot à connotation négative et humiliante, il signifie traître, utilisé pour désigner les collaborateurs kurdes et les agents des états ennemis du mouvement national kurde parce qu'ils marchent devant les troupes militaires de l'état comme l'ânon marche devant l'ânesse sa mère. Ce terme moqueur commença à être utilisé dans les années 1960 par des nationalistes kurdes d'Irak à l'encontre de la milice kurde qui soutenait le gouvernement de l'Irak contre les Kurdes durant les révoltes de 1961 à 1975. A cette période les *jash* était en majorité des ennemis tribaux de Mustafa Barzani. Aussi l'aile du politburo du PDK (dirigée par Jalal Talabani et Ibrahim Ahmad) fut appelée « jash 66 » par l'aile de Barzani, parce qu'ils quittèrent le PDK en 1964 et coopérèrent avec le gouvernement irakien dans sa guerre contre les forces de Barzani en 1966- 1970.

Pendant la guerre Iran-Irak (1980-1988), le gouvernement irakien créa *Fursan Salah al-Din* (chevaliers de Saladin) pour combattre le PUK et le PDK et aussi l'Iran. Le régime iranien constitua également de 1980 à 1992 quelques unités militaires kurdes telles que les *Peshmergan Musulman Kurd,* les *Basij* et le *Pasdar* (garde de la révolution) pour lutter contre les partis kurdes du PDKI et du KOMALA. Ces unités militaires kurdes furent réorganisées en 2003 pour lutter contre le PJAK. De même, en Turquie, le régime turc instaura le *Korucular* (protecteurs ou gardes de village) pour lutter contre le PKK.

Les Jashs (cent cinquante mille à deux cent cinquante mille personnes) poursuivirent leurs activités et continuèrent à recevoir le soutien du régime irakien jusqu'en 1990 mais beaucoup d'entre eux étaient secrètement en contact avec le PDK et le PUK et leur donnèrent des informations sur les activités de l'armée irakienne. Après la guerre du Golfe de 1991, les Fursans lancèrent la révolte kurde de Ranya contre le régime irakien, laquelle mit irrémédiablement fin à l'autorité du gouvernement central sur le Kurdistan. Au fil des ans, le terme *jash* fut et est aussi utilisé pour se moquer de tous les Kurdes, en particulier des intellectuels et des écrivains, qui soutenaient et soutiennent les gouvernements irakien, iranien, turc et syrien et donc considérés indifférents à la cause nationale kurde.

Jashayeti est l'opposé de *Kurdayeti* (patriote kurde), qui est un terme ayant une connotation nationaliste pro-kurde et qui fut développé par les intellectuels modernes kurdes. Il évoque l'idée de la lutte pour la libération de la nation kurde de l'autorité des états d'Iran, d'Irak, de Syrie et de la Turquie.

KOMALA (société) est un parti marxiste-léniniste militaire et politique du Kurdistan Iranien, deviendra en *1983 l'organisation du Kurdistan du parti communiste d'Iran.* Suite à la guerre entre le *Komala* et Le corps des Gardiens de la révolution islamique d'Iran, environ dix mille personnes furent tuées.

A l'origine, il s'agit d'un groupe d'inspiration maoïste créé en 1969 à Téhéran par des étudiants kurdes. Il ne compte à sa création, guère plus de cinq personnes. L'organisation se caractérise par le refus de la guérilla, le rejet du révisionnisme soviétique et celui du nationalisme kurde. Après quelques années de gestation intellectuelle, *Komala* s'engagea dans le travail de masse en direction de la classe ouvrière.

Jusqu'à l'effondrement du régime du shah en 1979, *Komala* était inactif et les peuples du Kurdistan l'ignoraient, mais immédiatement après la chute du shah, il devint le deuxième parti au Kurdistan iranien après le PDKI. Le *Komala* et le PDKI étaient laïcs. Le *Komala,* plus radical et marxiste, militait contre le nationalisme kurde qu'il considérait comme étant trop réactionnaire. Le *Komala* était fortement implanté dans la ville de Sanandaj tandis que le PDKI contrôlait tout le Kurdistan iranien.

Après l'échec des négociations du PDK et du *Komala* avec le gouvernement iranien pour l'autonomie de Kurdistan, les militants du *Komala* saisirent alors l'occasion historique, en appelant à la résistance armée face au régime islamiste. En 1980 au plus fort de son activité, le *Komala* possédait une force armée de deux mille à trois mille combattants *peshmergas* dans le Kurdistan iranien. Pour comparaison à la même époque, le PDKI de Ghassemlou, son principal concurrent, disposait de dix mille combattants. Le PDKI et le *Komala* échappèrent à l'autorité de Téhéran, et ainsi administrèrent une région libre autonome. Dans cette zone, le *Komala* et PDKI disposaient d'une école de formation de cadres où l'on enseignait le marxisme-léninisme, d'une station de radio *La voix de la révolution d'Iran*, qui émettait en Persan et en Kurde .

La nécessité de défendre la zone libérée, les villes et les structures (radio, écoles, hôpitaux) fit du conflit une guerre de position très éloignée de la conception classique de la guérilla. La perte de leurs positions contraignit les insurgés à reprendre la lutte sous une forme plus mobile qui les conduisit à la défaite. Lors du congrès de février 1984, le *Komala* dût reconnaître son échec militaire attesté par l'abandon des villes contrôlées et la mort de plus de deux cents militants, entre 1982 à 1983.

En 1983, le *Komala* devint l'organisation représentant le Kurdistan au sein du Parti communiste de l'Iran, mais continua à être reconnu en tant que *Komala* au Kurdistan. Mais agissant ainsi, le *Komala* sous estimait la force du sentiment nationaliste kurde. En 1985, des affrontements opposèrent le *Komala* et le PDKI, faisant des centaines de morts. Aussi pendant les combats du *Komala* contre la République islamique d'Iran en 1980-1995, environ huit mille peshmergas du *Komala* et de nombreux soldats iraniens furent tués.

En 2000, Abdulah Mohtadi, un dirigeant du *Komala* dénonça l'échec de l'idéologie communiste et décréta sa fin. Il fonda son propre groupe le KSZKI (Komala - organisation des travailleurs révolutionnaires du Kurdistan iranien) qui était nationaliste. En 2008, certains dirigeants en raison de points de vue divergents avec Mohtadi, se divisèrent et formèrent le groupe appelé Komala-organisation des révolutionnaires du Kurdistan ». Donc aujourd'hui, il y a trois groupes Komala :

- Komala - branche du parti communiste de l'Iran (sous la direction d'Ibrahim Alizadeh).
- Komala - *organisation des travailleurs révolutionnaires du Kurdistan Iranien* (sous la direction d'Abdullah Mohtadi).
- Komala - *organisation des révolutionnaires du Kurdistan* (sous la direction d'Omar Ilghanizadeh).

Les bases des trois groupes sont situées dans la région de Zarguiz dans la province de Sulaymaniya au Kurdistan de l'Irak. En 1995, le *Komala* mit fin à sa lutte armée contre le gouvernement iranien et s'engagea dans l'activité politique à travers ses radios, télévisions et journaux.

KRG (gouvernement régional du Kurdistan) est un gouvernement de facto qui administre la plupart du territoire du Kurdistan irakien. Il a une situation exceptionnelle dans le monde, dans la pratique il est comme un état indépendant.

Après la défaite de l'Irak par les puissances occidentales au Koweït fin février 1991, le président américain George Bush, encouragea les Irakiens à se révolter contre Saddam Hussein et à renverser son régime. Les Kurdes et les Chiites répondirent immédiatement à cet appel, en l'espace d'une semaine toutes les villes kurdes y compris Erbil, Sulaymania, Kirkouk et Dohouk furent reprises par des civils et les Peshmergas. Mais après le retrait des Etats-Unis, le régime de Saddam redoubla de violence et attaqua le Kurdistan le 29-30 mars 1991. Toutes les villes et les villages furent assaillis par les forces irakiennes et de nombreux Peshmergas et notamment la population civile de Kirkouk furent tués.
Craignant l'utilisation d'armes chimiques à leur encontre, en quelques heures, deux tiers de la population du Kurdistan, soit environ deux millions de personnes, désertèrent leurs villes natales pour le Kurdistan d'Iran et de Turquie. Un million cinq cent mille d'entre elles furent accueillies par l'Iran et environ cinq cent mille restèrent bloquées à la frontière par les autorités turques. Des milliers de réfugiés, en majorité des femmes et des enfants, moururent de faim, de maladies, et d'autres conséquences des conditions de vie très difficiles. La publication dans les médias occidentaux des photos et des films montrant cette immense vague de réfugiés heurta profondément la communauté internationale. La situation des réfugiés et les problèmes qu'ils posaient aux pays voisins, devinrent de plus en plus préoccupants. La France fut le premier pays à exiger une intervention humanitaire et fut soutenue dans son action par le Royaume Uni.
Le 5 avril 1991, le Conseil de Sécurité des Nations Unies adopta la résolution 688 condamnant « la répression des

Kurdes en Irak ». Tandis que le Conseil de sécurité prenait des mesures de condamnation judiciaire envers Saddam Hussein, la diplomatie internationale se concentrait sur les opérations de secours d'urgence et tentait d'apporter une protection efficiente aux Kurdes, qui vivaient dans des conditions extrêmement difficiles en Irak dans les régions montagneuses situées à la frontalières avec la Turquie et l'Iran.

L'idée de créer « une zone de sécurité » pour les Kurdes, localisée dans le nord de l'Irak et placée sous protection militaire alliée, fut avancée. En dépit des fortes objections soulevées par l'Irak, les Etats-Unis (avec le Royaume-Uni, la France et d'autres états) décidèrent d'engager les casques bleus (force de l'ONU pour le maintien de la paix) au Kurdistan pour une mission humanitaire. Le 17 avril 1991, les forces armées américaines et d'autres pays alliés firent route vers le nord de l'Irak avec pour objectifs de mettre en place des camps afin de garantir la sécurité des réfugiés kurdes et d'assurer la coordination des secours. Les Etats-Unis, le Royaume-Uni et la France définirent deux zones d'exclusion aérienne distinctes pour la protection des Kurdes dans le nord de l'Irak, et l'autre pour les musulmans chiites dans le sud irakien. Les réfugiés des camps partirent s'installer au Kurdistan irakien, le pouvoir irakien quitta le Kurdistan et les Kurdes saisirent cette opportunité pour établir un gouvernement autonome.

Les vagues massives de réfugiés kurdes de mars 1991, finalement influèrent sur l'avenir des Kurdes d'Irak. Jusqu'en 1991, la communauté internationale fut indifférente à l'oppression des Kurdes par le gouvernement irakien. Mais ce grand exode et ses conséquences régionales et internationales contraignirent l'ONU et la communauté internationale à s'ingérer dans la question kurde et à s'occuper de leur protection. Ce fut le point de départ de la mise en place de facto, d'un gouvernement kurde autonome sur 80 % du territoire du Kurdistan irakien.

Le 19 mai 1992, le peuple du Kurdistan participa aux élections démocratiques du parlement, 51 % votèrent pour le PDK (parti démocratique du Kurdistan dirigé par Massoud Barzani) et 49 % pour le PUK (union patriotique du Kurdistan dirigée par Jalal Talabani). En juin 1992, ces deux principaux partis kurdes établirent un gouvernement dans 70 % du territoire du Kurdistan irakien. Fouad Massoum (actuel président de l'Irak) fut le premier premier ministre élu du PUK. En octobre 1991, le gouvernement irakien retira ses forces du Kurdistan aussi Bagdad imposa un blocus économique sur la région, réduisant la commercialisation de son pétrole et des produits alimentaires. L'économie kurde souffrit également beaucoup à cause d'un embargo des Nations Unies sur l'Irak, empêchant les échanges entre le Kurdistan et les autres états. Le PUK et le PDK rivalisaient l'un et l'autre pour le contrôle des routes de contrebande. La principale ressource du Kurdistan était les douanes d'Ibrahim Ghalil à la frontière turque qui étaient sous le contrôle du PDK. Le PUK accusa le PDK de monopole sur ses revenus. Ce fut l'une des raisons principales de la guerre civile entre le PUK et le PDK de 1994 à 1998.

En septembre 1998, les dirigeants du PUK et du PDK signèrent l'accord de Washington. A la même époque, il y eut la mise en place du programme « Pétrole contre nourriture » de l'ONU (13 % étaient pour le Kurdistan irakien) ce qui apporta des revenus au nord de l'Irak et permit d'augmenter les niveaux de vie. Le Kurdistan irakien devint finalement une région relativement pacifique. Le PDK établit son système d'administration à Erbil et Dohouk et le PUK établit le sien à Sulaymaniya. Cela fut appelé les deux administrations du KRG parce que les deux partis avaient leur premier ministre et leur cabinet indépendant.

Lors de l'invasion de l'Irak en 2003, le PUK et le PDK avec l'aide de la force aérienne américaine, libérèrent le nord de l'Irak y compris les villes de Kirkouk et Mossoul. Après la guerre d'Irak en 2003, le PUK et le PDK signèrent un accord stratégique et créèrent en 2005 un gouvernement uni qui s'appelle le KRG (gouvernement régional du Kurdistan) à Erbil, capitale officielle du Kurdistan de l'Irak. De 2006 à 2008, Netchirvan Barzani (adjoint du leader du PDK) et de 2008 à 2010 Barham Salih (adjoint du secrétaire général du PUK) furent les premiers ministres du KRG.

Actuellement, le KRG se compose d'un conseil de la présidence, d'un parlement et d'un cabinet. Le président Massoud Barzani est à la tête du pouvoir exécutif de la région du Kurdistan, il remporta 69,6 % des votes lors des élections de 2009. Netchirvan Barzani (du PDK) est le premier ministre et *Yousuf Muhammad* du *Gorran* (parti d'opposition), est le président du parlement qui se compose de cent onze députés du PUK, du PDK, du *Gorran,* d'islamistes, de chrétiens, des yézidis et de Turkmènes. Le KRG a actuellement autorité sur les provinces d'Erbil, Dohouk, Halabja et Sulaymaniya, aussi bien de facto sur toutes les régions kurdes hors des frontières officielles (moitié de la province de Kirkouk et les parties de Diyala et des provinces de Ninawa).

Aujourd'hui le Kurdistan irakien est dans une situation politique particulière sans pareil dans le monde. Il fait partie officiellement de l'Irak mais en pratique est une enclave indépendante. Le seul élément commun entre la région du Kurdistan et le pays Irak est la devise (le Dinar). La langue officielle du KRG est le kurde, 90 % des habitants de la région autonome du Kurdistan ne peuvent ni parler, ni comprendre la langue arabe et 95 % n'a jamais visité d'autres villes d'Irak, ni même la capitale, Bagdad. A l'inverse des autres régions de l'Irak, le Kurdistan est calme et stable.
La région autonome du Kurdistan (environ cinq millions deux cent mille habitants) reçoit 17 % du budget de l'état irakien (environ 13,3 milliards de dollars), et exporte directement son pétrole vers la Turquie. De grandes entreprises pétrolières internationales travaillent au Kurdistan et il est à prévoir dans les prochaines années que le Kurdistan devienne l'un des plus grands exportateurs de pétrole du Moyen-Orient. La région de Kirkouk est la principale source de production de pétrole de l'Irak. Depuis 2003, la situation de Kirkouk était le principal point de désaccord entre le KRG et le gouvernement central irakien. Actuellement Kirkouk est officiellement sous le contrôle du gouvernement central mais en pratique est sous le contrôle du KRG. Ce problème faillit déclencher un conflit armé entre le KRG et le gouvernement central irakien.
La constitution irakienne de 2005 reconnut le KRG mais subsistèrent d'importantes controverses relatives à l'armée du KRG, l'exploitation et l'exportation du pétrole du Kurdistan par le KRG, l'article 140 de la constitution irakienne : le gouvernement irakien devait[] normaliser la situation des toutes les régions kurdes d'Irak (y compris

de Kirkouk) qui n'étaient plus sous le contrôle du KRG, mettre en place un programme de dé-arabisation et organiser un référendum pour déterminer le rattachement de ces régions par le gouvernement central ou le KRG. Jusqu'à aujourd'hui, le référendum n'a toujours pas été proposé à la population, de crainte que son résultat soit en faveur du KRG, la majorité des habitants de cette région en particulier Kirkouk étant kurde. Les gouvernements régionaux et mondiaux s'opposaient au rattachement de Kirkouk au KRG car celui-ci préparait la voie à l'indépendance du Kurdistan irakien.

Bien que le KRG déclare officiellement préférer être une partie d'un Irak démocratique et fédéral, le président du Kurdistan a toujours affirmé que le Kurdistan serait indépendant. Dans plusieurs référendums non officiels, 95 % des habitants de la région autonome du Kurdistan voulaient l'indépendance du Kurdistan.

Depuis 2014, Bagdad a cessé de subventionner le budget régional du Kurdistan, prétextant que contrairement aux accords passés, le gouvernement kurde encaissait l'intégralité des revenus des exportations du pétrole situé sur son territoire, alors qu'une quote-part importante devrait être reversée au budget national de l'Irak. La coupe budgétaire perdure en 2015, car les revenus pétroliers de l'état irakien ont fortement baissé suite à la chute du prix du baril sur le marché international et Bagdad doit composer avec un déséquilibre budgétaire inédit.

Suite à l'occupation de Moussel par les Djihadistes, presqu'un million de personnes comprenant des arabes sunnites et des chrétiens a été déplacé au Kurdistan. D'autre part, environ cinq cents Syriens ont cherché refuge au Kurdistan dès 2013.

Kurdistan

Le mot Kurdistan signifie littéralement *Pays des Kurdes,* s'étend sur environ cinq cent trente mille kilomètres carrés, ce qui est approximativement le territoire de la France. Les Kurdes comptent entre (chiffres estimatifs) quarante et quarante-cinq millions de personnes vivant surtout en Turquie (environ dix-huit millions), en Iran (environ dix millions), en Irak (environ sept millions cinq cent mille) et en Syrie (environ trois millions) dans ce qui est appelé le Kurdistan. Il existe également d'importantes communautés kurdes dont un million dans les pays de l'*ex*-URSS comme la Russie, l'Arménie, l'Azerbaïdjan, la Géorgie, le Kazakhstan. Il y a aussi environ trois cent mille Kurdes au Liban et quatre cent mille en Israël et également une importante diaspora d'environ un million cinq cent mille présente aux Etats-Unis, au Canada et en Europe (surtout en Allemagne, au Royaume-Uni, en France et dans les pays Scandinaves). Les Kurdes appellent le Kurdistan de Turquie « Kurdistan du Nord », le Kurdistan de Syrie « Kurdistan de l'Ouest », le Kurdistan d'Iraq « Kurdistan du Sud » et Kurdistan d'Iran « Kurdistan de l'Est ».

Les Kurdes parlent une langue indo-européenne proche du Persan appelée *Kurdi* qui se compose de six dialectes : le Sorani (Kurdistan d'Iran et d'Irak), le Kurmanji (au Kurdistan d'Iran, de Turquie, de Syrie, d'Irak et au Caucase), le Zazaki (au Kurdistan de Turquie), l'Hawrami (au Kurdistan d'Iran et d'Irak), le Kalhori (au Kurdistan d'Iran et d'Irak) et le Laki (au Kurdistan d'Iran). Le *Kurdi* utilise des alphabets différents : le latin pour le dialecte Kurmandji, l'arabe pour les dialectes Sorani, Hawrami et Kalhori et le cyrillique pour le dialecte Kurmanji au Caucase. La majorité des Kurdes est musulmane sunnite

(80 %) mais il existe d'autres communautés : Yarsan (Ahl-e Haq), Yézidie, Alévie, juive et chrétienne.
Le drapeau du Kurdistan, composé de trois bandes horizontales, rouge, blanche et verte ayant en son centre un soleil, fut repris par le gouvernement régional du Kurdistan irakien (KRG). Le drapeau est interdit en Syrie, Turquie et Iran. Le rouge symbolise le sang des martyrs kurdes et la lutte continue pour la liberté et la dignité des Kurdes, le vert rappelle les paysages du Kurdistan, le blanc symbolise la paix et l'égalité, le jaune est le symbole de la source de la vie. La caractéristique principale du drapeau kurde est l'emblème du soleil rayonnant au centre, il est un symbole religieux et culturel ancien. Le drapeau du Kurdistan est un symbole national très important, il est un lien d'unification de tous les Kurdes dans leur lutte pour l'indépendance et la liberté.
Il est fait mention pour la première fois, d'un peuple vivant dans les montagnes du Kurdistan et partageant les mêmes particularités culturelles. Il s'agit des Halaf qui vécurent dans la première moitié du 6ème millénaire avant JC (6.000 à 5.400 avant JC). La culture Hourrite (environ 2.300 à 1.300 avant JC) qui lui succéda dominait un territoire s'étendant largement au-delà des Monts Zagros et des Monts Taurus. Un peuple appelé les Lullubis, habitant la plaine de Sharezur (Kurdistan irakien), combattit les Akkadiens vers 2.300 ou 2.200 avant JC. Actuellement, le clan kurde dénommé Lullu pourrait être le descendant des Lullubis.
En 612 avant JC, les Mèdes fondèrent un empire après avoir conquis l'Empire assyrien. Cette date de 612 est d'ailleurs considérée par les Kurdes comme le début de l'ère kurde. Le règne politique des Mèdes s'acheva vers le milieu du 6ème siècle avant JC mais leur religion et leur

civilisation dominèrent l'Iran jusqu'à l'époque d'Alexandre le Grand. La première religion des Mèdes fut le mazdéisme. Le zoroastrisme est une réforme du mazdéisme, réforme prophétisée par Zarathoustra dont le nom fut transcrit *Zoroastre* par les Grecs (Zōroastrēs). Le zoroastrisme est une religion monothéiste où *Ahura Mazda* est le créateur absolu, sous lui règnent deux esprits jumeaux, Spenta Mainyu, le Saint Esprit et *Ahra Mainyu,* plus connu sous le nom d'Ahriman, le mauvais Esprit. En 224, avec l'avènement de la dynastie sassanides en Perse, commença la période de gloire du zoroastrisme, il devint officiellement la religion d'état.

De nombreuses sources historiques se réfèrent aux ancêtres des Kurdes modernes. Xénophon un philosophe, historien et chef militaire de la Grèce antique dans son *Anabase* les nomme « Cardouques » et les décrit comme un « peuple féroce et défendant ses montagnes natales » qui attaquait les armées grecques vers 401 avant JC. La région actuelle du Kurdistan, les montagnes autour du lac de Van, entre la Perse et la Mésopotamie d'alors, est nommée « Carduchi, Cardyene ou Cordyene ». Le terme « Kurde » vient du latin « Cordueni » qui désigne les habitants de l'ancien royaume de Corduène (ou Cordyene) devenu province de l'Empire romain en 66 avant notre ère. A partir de cette date et jusqu'à l'avènement de l'islam, le destin des Kurdes, que les géographes et les historiens grecs appellent « Kardouque ou Cardouchoi » resta lié à celui des autres populations des empires se succédant sur la scène iranienne : les Séleucides, les Parthes et les Sassanides.

Les tribus kurdes pour des raisons plus sociales que religieuses, opposèrent pendant près d'un siècle une résistance farouche aux invasions arabo-musulmanes.

Tous les moyens furent utilisés pour les convertir comme par exemple la stratégie matrimoniale : la mère du dernier calife Omayade, Merwan Hakim, était kurde. Finalement les Kurdes se rallièrent à l'islam tout en refusant l'arabisation. Le pouvoir des califes s'affaiblissant, les Kurdes qui jouaient déjà un rôle de premier plan dans les domaines des arts, de l'histoire et de la philosophie, commencèrent à affirmer dès le milieu du 9ème siècle leur propre puissance politique.

Dans la deuxième moitié du 10ème siècle, le Kurdistan fut partagé entre quatre grandes principautés kurdes : au nord les Chaddadites (951-1174), à l'est les Hassanwahides (959-1015) et les Banou Annaz (990-1116) et à l'ouest les Merwanides (990-1096) de Diyarbakir. Après avoir conquis l'Iran et imposé leur joug au calife de Bagdad, les Turcs seldjoukides annexèrent une à une ces principautés kurdes. Vers 1150, le sultan Sandjar, le dernier des grands souverains seldjoukides, créa la province du *Kurdistan*, avec pour capitale la ville Bahâr (le printemps) près d'Ecbatane (Hamadān) capitale des Mèdes au Kurdistan iranien. Elle comprenait les *vilayets* (sorte de province) de Sindjar et de Sharezur à l'ouest du massif Zagros, ceux d'Hamadan, Dinaver et Kermanshah à l'est de cette chaîne. Cette appellation ne recouvrait alors qu'une partie méridionale du Kurdistan ethnique. Une civilisation autochtone brillante se développa autour de la ville de Dinaver au nord-est de Kermanshah partiellement éclipsée ensuite par le rayonnement de Sineh (Sanandaj), située plus au nord.

A peine une douzaine d'années après la disparition du dernier grand Seldjoukide, la dynastie kurde celle des Ayyoubides (1169-1250) fut fondée par le célèbre Saladin. Celui-ci assuma le leadership du monde musulman

pendant près d'un siècle jusqu'aux invasions turco-mongoles du 13ème siècle. Son empire englobait, outre la quasi-totalité du Kurdistan, toute la Syrie, l'Egypte et le Yémen. C'était le temps des croisades, de l'hégémonie du religieux sur la politique et le nationalisme.
Au 12ème siècle, l'émergence du Kurdistan comme entité géographique, la suprématie d'une dynastie kurde sur le monde musulman, la floraison d'une importante littérature écrite en langue kurde furent reconnues. C'est également au cours de ce siècle que l'église nestorienne, ayant son siège métropolitain au Kurdistan, prit un essor extraordinaire. A la fin du 13ème siècle, l'islam l'emporta sur les Mongols et les Nestoriens. Le siège de leur patriarcat changea de lieu au fil des siècles mais demeura toujours au Kurdistan. Dans la deuxième moitié du 15ème siècle après les invasions turco-mongoles, le pays kurde se constitua en une entité autonome, unie par sa langue, sa culture et sa civilisation mais politiquement morcelée en une série de principautés. Cependant, la conscience d'appartenir à un même pays était vive, du moins parmi les lettrés.
Au début du 16ème siècle, le pays kurde devint l'enjeu principal des rivalités entre les Empires ottoman et perse. Le nouveau Shah de Perse imposa le chiisme comme religion d'état en Iran et voulut le propager aux pays voisins. De leurs côtés, les Ottomans souhaitaient mettre un terme aux visées expansionnistes du Shah, et renforcèrent leur frontière avec l'Iran, afin de pouvoir se lancer à la conquête des pays arabes. En 1514, le sultan turc Selim 1er sortit vainqueur lors de la bataille contre le Shah de Perse. Comme il cherchait un moyen pérenne de protéger la frontière iranienne, un de ses conseillers Idris Bitlisi (érudit et diplomate kurde), lui conseilla de rétablir

les émirats kurdes dans leurs droits et privilèges antérieurs en échange de leur promesse de garder eux-mêmes cette frontière et de se battre aux côtés des Ottomans en cas de conflit perso-ottoman. Le sultan dépêcha Bitlisi auprès de chaque prince et seigneur kurde afin de les inciter à faire alliance avec l'Empire ottoman. Les dirigeants kurdes acceptèrent la proposition du sultan, reconnaissant ainsi sa suprématie. Ils gagnèrent en échange une très large autonomie tout en écartant le risque d'être un jour annexés par la Perse. En 1639, suite à la signature du traité de *Qasrichirin* (ou traité de Zuhab) entre l'Iran safavide de Safi 1er et l'Empire ottoman de Murad IV, le territoire des Kurdes fut divisé entre les deux empires et la plus grande partie fut pour les Ottomans.

Ce statut particulier assura au Kurdistan près de trois siècles de paix, jusqu'au début du 19ème siècle. Le territoire kurde était gouverné par les seigneurs et princes kurdes à l'exception de quelques garnisons stratégiques demeurées sous contrôle ottoman. Outre quelques modestes seigneuries héréditaires, le Kurdistan comptait dix-sept principautés (émirats) bénéficiant d'une large autonomie. Chaque cour kurde était un important lieu de vie littéraire et artistique. Malgré le morcellement politique, cette période représente « l'âge d'or » de la création littéraire, musicale, historique et philosophique kurde.

En 1597, le prince kurde Sharaf al Din Bitlisi (Sharaf Khan Bitlisi) écrivit le livre *Sharafnama* considéré comme la principale source de l'histoire kurde. En 1675, plus d'un siècle avant la révolution française qui fit naître en Occident l'idée de la nation et de l'état-nation, le poète Ahmad Khani dans son épopée *Mem ù Zin* , appela les

Kurdes à s'unir et à créer leur propre état unifié. Jusqu'alors, sans contestation de leurs privilèges, les princes kurdes se bornaient à administrer leur domaine, tout en rendant hommage au lointain sultan-calife d'Istanbul. Ce n'est qu'au début du 19ème siècle qu'apparut l'idée d'un Kurdistan unifié, quand les Ottomans cherchèrent à limiter l'autonomie des principautés kurdes.
Le prince de Rewanduz, Mîr Mohammed lutta de 1830 à 1839 pour la création d'un Kurdistan unifié. Fin 1833, son armée comptait dix mille cavaliers et vingt mille fantassins bien formés, employait des équipements de pointe tels que les canons et les fusils. Dans les provinces kurdes, la plupart de ces armes n'était connue que des forces impériales. L'un des premiers défenseurs du nationalisme kurde était Bedirxan, le dernier émir de l'émirat kurde du Botan. Son royaume s'étendait non seulement sur le Kurdistan de Turquie et le Kurdistan irakien mais aussi sur les terres arméniennes, assyriennes et les chaldéennes. En 1847, les autorités ottomanes dressèrent les tribus chrétiennes contre lui.
Le combat contre l'Empire ottoman prit une nouvelle dimension avec Yezdan Shir, le neveu de Bedirxan. En 1853, lorsque l'Empire ottoman entra en guerre contre la Russie, la population kurde refusa de participer à l'affrontement. Yezdan Shir chercha à tirer profit de cette guerre et à mettre en place un Kurdistan indépendant dont il serait le roi. En 1855, il assaillit la ville de Bitlis et en expulsa le gouverneur turc, puis marcha vers Mush. Après avoir libéré Mossoul, il continua vers Siirt, le centre militaire ottoman au Kurdistan. En quelques mois, les zones de Bagdad vers le lac de Van et Diyarbakir tombèrent sous son contrôle. Tous les Kurdes en âge de

porter des armes affluèrent de tous les coins du Kurdistan pour rejoindre ses forces. La Grande Bretagne et la France, alliés de l'Empire ottoman dans la guerre de Crimée contre la Russie, n'étaient pas favorables à l'émergence d'un Kurdistan indépendant. De nombreux conflits ayant pour objet l'unification et l'indépendance du Kurdistan, jalonnèrent la première partie du 19ème siècle. Les forces ottomanes, dans leur combat contre les Kurdes, furent conseillées et aidées par les puissances européennes.

De 1847 à 1881, on observa de nouvelles insurrections, conduites par des chefs traditionnels souvent religieux, pour créer un état kurde. Elles furent suivies jusqu'à la première guerre mondiale de toute une série de révoltes sporadiques et régionales contre le pouvoir central, révoltes qui furent toutes durement réprimées. Le cheikh Ubeydullah Nehri, l'illustre religieux soufi chef de la rébellion de la région est considéré comme un des premiers représentants du nationalisme moderne. Dans une lettre adressée au consul général de Grande Bretagne à Tabriz, il indiqua clairement les intentions nationalistes kurdes : « La nation kurde est un peuple à part, notre religion est différente, et nos lois et coutumes distinctes ... Nous voulons que nos affaires soient entre nos mains afin de pouvoir punir nos propres délinquants … Nous voulons être forts et indépendants et avoir des privilèges comme les autres nations ... C'est notre objectif ... Les Kurdes doivent gérer leurs problèmes eux-mêmes, ils ne peuvent plus supporter les actions diaboliques et l'oppression du gouvernement iranien et de l'Empire ottoman ».

Les causes de l'échec de ces mouvements d'indépendance sont multiples : émiettement de l'autorité, dispersion féodale, querelles de suprématie entre les princes et féodaux kurdes, ingérence des grandes puissances aux côtés des Ottomans. Après avoir annexé une à une les principautés kurdes, le pouvoir turc s'employa à intégrer l'aristocratie kurde en distribuant postes et privilèges et en mettant sur pied des écoles dites tribales destinées à inculquer aux enfants des seigneurs kurdes le principe de fidélité au sultan. Cette tentative d'intégration à la Louis XIV fut en partie couronnée de succès. Mais elle favorisa également l'émergence d'élites kurdes modernistes. La modernisation du mouvement politique se traduisit par l'apparition, notamment à Istanbul, d'une multitude d'associations philanthropiques et patriotiques. Ces organisations offraient à la population kurde des espaces structurés où elle pouvait exprimer ses revendications et œuvrer à la défense de ses intérêts propres.

La société kurde aborda la première guerre mondiale divisée, décapitée, sans projet collectif pour son avenir. Les accords franco-britanniques dits de « Sykes-Picot » prévoyaient le démembrement de leur pays. « Sykes-Picot » était un accord secret signé le 16 mai 1916, entre la France et la Grande-Bretagne (avec l'aval des Russes) prévoyant le partage du Moyen-Orient à la fin de la guerre, en zones d'influences entre ces puissances dans le but de contrer des revendications ottomanes. C'était la première phase de la division du sol du Kurdistan par des superpuissances occidentales, qui changea le destin des Kurdes. Cependant les Kurdes étaient en conflit sur le devenir de leur nation. Les uns, très perméables à l'idéologie « pro-islamiste » du sultan-calife, voyaient le salut du peuple kurde dans un statut d'autonomie culturelle et administrative dans le cadre de l'Empire ottoman. D'autres, se réclamant du principe des nationalités, des idéaux de la Révolution française et du président américain Wilson, combattaient pour l'indépendance totale du Kurdistan.

Le clivage s'accentua au lendemain de la défaite ottomane face aux puissances alliées, en 1918. Les indépendantistes formèrent une délégation dépêchée à la conférence de Versailles pour présenter « les revendications de la nation kurde ». Leur action contribua à la prise en compte par la communauté internationale du fait national kurde. En effet, le traité international de Sèvres conclu le 10 août 1920 entre les alliés (la France, la Grande Bretagne, l'Italie et la Grèce et le sultan Mehmed VI sous l'égide de la Société des Nations) préconisait dans sa section III (art. 62-64), la création sur une partie du territoire du Kurdistan d'un état kurde. Ce traité ne fut pas appliqué.

Pour sa part, l'aile traditionnelle du mouvement kurde, dominée notamment par des chefs religieux, bien implantée dans la société kurde cherchait à « éviter le péril chrétien à l'est et à l'ouest » et à créer dans les territoires musulmans libérés de l'occupation étrangère « un état des Turcs et des Kurdes ». L'idée était généreuse et fraternelle. Une alliance fut conclue avec le chef nationaliste turc Mustafa Kemal Atatürk venu au Kurdistan chercher de l'aide auprès des chefs kurdes pour libérer l'Anatolie occupée et « libérer le sultan-calife virtuellement prisonnier des chrétiens ». Les premières forces de la guerre d'indépendance de Turquie furent en fait recrutées dans les provinces kurdes. Jusqu'à sa victoire définitive sur les Grecs en 1922, Mustafa Kemal Atatürk ne cessa de promettre la création d'un état musulman des Turcs et des Kurdes. Il était ouvertement soutenu par les Soviétiques et plus discrètement par les Français et les Italiens mécontents des appétits excessifs

du colonialisme britannique dans la région. Après la victoire à la conférence de paix réunie à Lausanne (Suisse), les délégués turcs affirmeront parler au nom des nations-sœurs kurde et turque. Le 24 juillet 1923, un nouveau traité fut signé dans ce contexte entre le gouvernement kémaliste d'Ankara et les puissances alliées à Lausanne. Il rendait caduc le traité de Sèvres et n'apportait aucune garantie du respect des droits des Kurdes en entérinant l'annexion de la majeure partie du Kurdistan au nouvel état turc. Le projet d'états kurde et arménien fut abandonné et le territoire kurde divisé entre quatre états. Auparavant, par l'accord franco-turc du 20 octobre 1921, la France annexait la Syrie, avait sous son mandat les provinces kurdes de Djézireh et de Kurd-Dagh. Le Kurdistan iranien, dont une bonne partie était contrôlée par le chef kurde Simko, vivait en état de quasi-dissidence par rapport au pouvoir central persan.
Restait encore en suspens le sort de la province kurde de Mossoul très riche en pétrole. Turcs et Britanniques la revendiquaient tandis que sa population au cours d'une consultation organisée par *la Société des Nations,* se prononça dans une proportion de 7/8ème en faveur d'un état kurde indépendant. Arguant que l'état irakien ne saurait survivre sans les richesses agricoles et pétrolières de la province de Mossoul, la Grande-Bretagne finit par obtenir le 16 décembre 1925 du conseil de la *Société des Nations* que ces territoires kurdes soient annexés à l'Irak, alors placés sous son mandat. Elle promettait néanmoins la mise en place d'un gouvernement kurde autonome, promesse jamais tenue, ni par les Britanniques, ni par le régime irakien qui prit la succession de l'administration britannique en 1932.

Ainsi fin 1925, le pays des Kurdes, connu depuis le 12ème siècle sous le nom de Kurdistan se trouvait partagé entre quatre états : la Turquie, l'Iran, l'Irak et la Syrie. Et pour la première fois de sa longue histoire, il allait être privé même de son autonomie culturelle. En effet, les conquérants et les empires de jadis s'étaient contentés de certains avantages et privilèges économiques, politiques et militaires. Nul n'avait entrepris d'empêcher la population d'exprimer son identité culturelle, d'entraver la libre pratique de sa vie spirituelle. Nul n'avait conçu le projet de détruire la personnalité kurde, de dépersonnaliser tout un peuple en le coupant de ses racines culturelles millénaires.
Ce projet fut celui des nationalistes turcs qui voulurent faire de la Turquie, une société éminemment multiculturelle, multiethnique et multinationale, une nation indivisible et homogène. Ce même programme fut adopté plus tard par l'Irak et l'Iran. Victime de sa géographie, de l'histoire et de ses politiques, le peuple kurde est celui qui a le plus souffert du remodelage de la carte du Proche-Orient.

Pasdar

Le corps des gardiens de la révolution islamique (en persan : *Sepah-e Pasdaran-e Enghelāb-e Eslami*), souvent appelé Sepah et Pasdaran (Gardiens de la Révolution) est une organisation paramilitaire de la République islamique d'Iran dépendant directement du Guide de la révolution, le chef de l'état iranien. Le *Sepah-e Pasdaran* est séparé de l'armée iranienne régulière et lui est parallèle. Les Pasdaran sont très motivés sur le plan idéologique. Fer de lance de la sécurité intérieure et extérieure de l'Iran, ils disposent de forces terrestres (dont des unités anti-émeutes), aériennes et navales, ainsi que de services de renseignement.

Sepah-e Pasdaran a été fondé par un décret du 5 mai 1979, et placé sous l'autorité de l'ayatollah Khomeini. C'est devenu une force armée à part entière pendant la guerre Iran/Irak où l'utilisation contre l'armée irakienne de *vagues humaines,* constituées très souvent d'adolescents inexpérimentés, causèrent des pertes deux fois supérieures à celles subies par l'armée régulière.

Les branches les plus importantes de *Sepah-e Pasdaran* sont *Basij* (Force de mobilisation de la résistance) et *Sepah-e Qods*. *Basij* est une force paramilitaire iranienne qui a été fondée par l'ayatollah Khomeini en novembre 1979 afin de procurer aux troupes d'élite intervenant dans le conflit Iran/Irak, de nouveaux soldats recrutés parmi des jeunes volontaires issus du peuple. Les Basijis sont chargés de la sécurité intérieure et extérieure de l'Iran. Ils s'entrainent dans le but de défendre l'Iran face à une éventuelle agression militaire. Leur tâche principale est de réprimer toute manifestation de la population iranienne. Ainsi lorsque les étudiants ont manifesté en masse dans la capitale iranienne le 9 juillet 1999, la plupart des manifestants qui scandait des slogans hostiles au guide suprême Ali Khamenei le véritable dirigeant de l'Iran, a été victime des tortures des Basijis. Lors des manifestions qui ont suivi la réélection contestée d'Ahmadinejad en juin 2009, les Basijis sont soupçonnés d'avoir tiré sur la foule des opposants, provoquant la mort de plusieurs dizaines de manifestants. On trouve des Basijis dans toutes les administrations, écoles, universités etc …

Sepah-e Qods est un département clandestin de sécurité et de renseignements extérieurs. Il gère différentes cellules chargées d'opérations secrètes dans le monde entier,

comme en Bosnie-Herzégovine durant la guerre civile et actuellement au sud Liban, en Syrie, en Irak et au Yémen. Il est également chargé de la surveillance des opposants politiques iraniens et a assassiné des chefs de partis politiques kurdes dans des pays occidentaux.
Sepah-e Pasdaran est le plus grand groupe d'influence économique en Iran. Entre autre, il contrôle des ports et aéroports sur lesquels transitent des marchandises non déclarées. Il détient ou contrôle des entreprises dans le secteur du bâtiment, de la construction navale et des télécommunications.

PDK-PARTI DEMOKRATI KURDISTAN (parti démocratique du Kurdistan) est un parti politique nationaliste kurde irakien dirigé par l'actuel président du Kurdistan, Massoud Barzani. Il est le plus fort parti politique et militaire kurde irakien.
Le PDK fut fondé lors d'une réunion secrète à Bagdad, le 16 août 1946 en réponse aux souhaits de Mustafa Barzani de créer un parti démocratique nationaliste. Mustafa Barzani fut élu président du PDK, et Hamza Abdullah fut élu secrétaire général. A cette date, Barzani était au Kurdistan iranien pour aider Qazi Muhammad à défendre la République kurde nouvellement fondée à Mahabad. Barzani fut nommé ministre de la défense et commandant de l'armée kurde dans la République de Mahabad. En mai 1946, les troupes soviétiques repartirent d'Iran et en décembre la République de Mahabad fut renversée par les troupes iraniennes. Barzani refusa de capituler et avec ses combattants se retirèrent en Irak. Il fut contraint une nouvelle fois de fuir quand les forces irakiennes, turques et iraniennes se liguèrent contre lui. Malgré les garanties données par le régime irakien, les

officiers kurdes qui accompagnaient Barzani au Kurdistan iranien, furent exécutés à Bagdad et Barzani dût partir en exil avec ses hommes vers l'Union soviétique, pays séparé de l'Iran par le fleuve Araxe. Sous le feu des Turcs, des Irakiens et des Iraniens, après une marche historique et héroïque, un groupe de cinq cents Kurdes sous la direction de Barzani atteignirent la république socialiste soviétique d'Azerbaïdjan en 1947.

Face à l'oppression du régime monarchique irakien, Hamza Abdullah fuit à Sulaymaniya et d'autres membres du parti se cachèrent à Bagdad. Lors du troisième congrès du PDK en janvier 1953 à Kirkouk, en raison de points de vue divergents entre Ibrahim Ahmad et Hamza Abdullah, ce dernier quitta le PDK et fonda « le Parti démocratique du Kurdistan- Front progressif » et fut autorisé à revenir au PDK en 1956. Le PDK ne joua qu'un rôle mineur pendant un certain temps, en raison du long exil de Barzani en ex-Union soviétique et des points de vue divergents entre les dirigeants du parti et la position dominante des vues traditionnelles tribales. Avec la chute du système monarchique irakien et le retour de Mustafa Barzani en 1958 en Irak, le PDK fut relancé. Lors du quatrième congrès du PDK en janvier 1959, Ibrahim Ahmad fut soutenu par Mustafa Barzani contre Hamza Abdullah. Ibrahim Ahmad était la personnalité la plus connue et active du PDK après Barzani. Dès le début de 1960, il devint évident que le président de l'Irak, Abdul Karim Qasim ne mènerait pas à terme sa promesse d'autonomie régionale, par conséquent le PDK fit campagne pour l'autonomie régionale.

Le 11 septembre 1961, le PDK sous la direction de Mustafa Barzani se révolta pour l'autonomie du Kurdistan contre le gouvernement irakien, soulèvement qui se poursuivit jusqu'en 1975. En 1964, Barzani signa un accord de cessez-le-feu avec Bagdad, pour cette raison le PDK se scinda en deux ailes : l'aile du Politburo (Ibrahim Ahmad et Jalal Talabani) et l'aile de Barzani. Les forces de Barzani attaquèrent l'aile du Politburo et ce dernier s'enfuit en Iran. Dès leur retour en Irak ils se battirent contre l'aile de Mustafa Barzani. De 1964 jusqu'à 1975, Habib Mohammad Karim fut le secrétaire général du PDK mais Barzani était le leader incontesté du parti et symbole du mouvement national kurde irakien et ses fils, Idris et Massoud devinrent ses assistants. Après la signature de l'accord entre Mustafa Barzani et Saddam Hussein le 11 mars 1970, l'aile du Politburo fut dissoute et Jalal Talabani rejoignit Barzani.

Barzani s'exila 12 ans en URSS, et réalisa rapidement que la question kurde ne figurait pas dans l'agenda des Russes. Dans les premiers jours de la révolte kurde, Barzani essaya de contacter les Etats-Unis pour qu'ils interviennent dans le conflit kurde et qu'ils fassent pression pour que l'Irak accepte le principe d'autonomie du Kurdistan. En août 1972, le président américain, Richard Nixon, signa dans le plus grand secret, l'ordre d'une aide financière et militaire pour la révolte kurde. Le président, le directeur de la CIA, le directeur du conseil de sécurité nationale (Kissinger) et son adjoint furent seuls à connaitre l'existence de cette directive. La CIA fut chargée de l'exécution de cette opération. Entre 1972 et 1975, les Kurdes reçurent seize millions de dollars, des armes et des munitions soviétiques, mais cette aide s'avéra très insuffisante. Israël et surtout l'Iran compensèrent ce manque de moyens. Malgré l'importance de l'aide apportée par l'Iran, le général Barzani ne crut jamais à la loyauté du

Shah d'Iran et redoutait toujours une éventuelle trahison. Au contraire, il faisait confiance aux Etats-Unis et considérait leur aide comme garantie contre un revirement de la politique du Shah vis-à-vis des Kurdes.
En mars 1974, la guerre entre les Kurdes et les Irakiens recommença, l'Irak ayant refusé la proposition d'autonomie du PDK. Au cours de l'été et l'automne 1974, l'Irak employa toutes ses ressources en hommes et matériels contre le Kurdistan mais celui-ci sortit vainqueur des combats avec l'aide militaire iranienne. Barzani rendit visite régulièrement au Shah et à l'ambassade américaine à Téhéran et avertit que s'ils n'augmentaient pas leurs aides militaires envers les Kurdes, l'armée irakienne bientôt envahirait toute la région et vaincrait les peshmergas. Barzani insista pour rencontrer Kissinger, pour le persuader d'augmenter son aide militaire envers les Kurdes. Le 22 février, Kissinger écrivit à Barzani que « les USA admirent le peuple kurde et son héroïsme contre le régime irakien et comprend les problèmes des Kurdes. Les USA restent attentifs à vos problèmes parce que c'est important pour nous. J'accueillerai bien votre envoyé à Washington. La question du secret est un facteur très important pour que l'on continue notre aide envers vous, c'est pour cela et pour votre sécurité aussi que je ne peux pas vous rencontrer à Washington ».
Toutes les classes sociales kurdes ainsi les ouvriers, les paysans, les étudiants, les professeurs et les médecins rejoignirent la révolte kurde avec la certitude qu'un état kurde indépendant serait créé à court terme ou tout du moins qu'ils accèderaient à une autonomie accrue. Après son retour en 1958 de son exil d'Union soviétique, Barzani créa une base armée très puissante, qui humilia à

plusieurs reprises l'armée irakienne sur les champs de bataille. De plus, il renversa les différents régimes qui se succédèrent à Bagdad et les contraignit à négocier avec lui pour l'autonomie du Kurdistan.

Finalement Saddam Hussein réalisa que si la révolte kurde avec le soutien de l'Iran continuait, le régime Baasiste serait renversé alors le 1er mars 1975, il mandata un diplomate égyptien en Iran pour informer le Shah que l'Irak était prêt à régler le problème des frontières et à signer un accord avec l'Iran. Le 6 mars, Saddam Hussein et le Shah d'Iran pendant la réunion de l'OPEC en Algérie, signèrent un traité et immédiatement le Shah arrêta son aide envers les Kurdes. Barzani voulait continuer sa révolte mais le 18 mars lors d'une réunion avec les commandants militaires et politiques de la révolte il dit : « sans soutien étranger nous ne pouvons pas continuer notre guerre parce que nous n'avons pas d'armes lourdes et l'armée irakienne avec ses armes très avancées qu'ils ont acheté aux Soviétiques massacrera notre nation. Donc il vaut mieux aller en Iran et quand les relations entre l'Iran et l'Irak seront tendues et que l'Iran décidera de nouveau de nous soutenir nous reviendrons et redémarrerons notre lutte contre le régime irakien ».

L'armée irakienne lança à nouveau toutes ses forces contre les Kurdes qui disposaient uniquement d'armes légères, ainsi contraignant les combattants à déposer leurs armes et le général Barzani et ses cinquante mille Peshmergas à se réfugier en Iran. Pourtant pendant quelques jours de cette grande révolte, bon nombre pensait qu'il gagnerait l'autonomie pour les Kurdes et même renverserait le régime Bassiste irakien, il fut écrasé. L'échec de cette révolte avait un impact très négatif sur le mouvement national kurde, ainsi décrit comme *Achbatal* en kurde qui signifie échec, catastrophe, désespoir et tragédie.

Après l'effondrement de la révolte kurde en mars 1975, les membres du PDK y compris Mustafa Barzani et sa famille se réfugièrent en Iran et toutes les activités du PDK s'arrêtèrent. Barzani partit aux États-Unis en août 1975, cherchant à traiter son cancer au poumon. En septembre 1976, ses fils, Idris et Massoud Barzani établirent une « direction provisoire » du PDK et redémarrèrent la lutte armée contre le régime irakien, cette lutte se poursuivit jusqu'en 1991. Mustafa Barzani mourut le 1er mars 1979 à l'hôpital de Georgetown dans la ville de Washington et il fut enterré le 6 mars à Ochnavieh au Kurdistan iranien. Cela faisait quatre ans que le Shah avait émis les ordres qui amenèrent Barzani et son peuple à la ruine et l'exil, et quelques jours avant cette date il fut chassé de son trône, haï et honni par son peuple. Parmi les Kurdes, Mustafa Barzani est une figure mythique, sa vie devint une légende. Bien qu'il fût appelé mollah Mustafa, il n'était pas un *mollah* (un dignitaire religieux) mais un homme né pour se battre et conduire les Kurdes dans la guerre pour leurs droits nationaux. Ses révoltes contre le régime monarchique irakien, ses faits d'armes, sa participation à la République de Mahabad au Kurdistan iranien, sa marche historique et héroïque vers l'Union soviétique, sa vie indépendante et honorifique en exil, son retour glorieux en Irak, et sa longue lutte pour l'autonomie du Kurdistan donnèrent aux Kurdes, pas seulement en Irak, mais en Turquie, en Iran, en Syrie, en ex-Union soviétique et aussi à l'étranger, un sentiment de fierté et de nationalisme, comme ils n'avaient jamais ressenti. Le département d'état des USA dans un rapport de 1974 mentionnait que « le général Barzani est une personnalité mondiale et a des relations amicales avec la plupart des dirigeants politiques du monde entier, même les israéliens. Les Kurdes (d'Irak jusqu'en Union soviétique) le considèrent comme leur roi ».

Après la mort de Mustafa Barzani, Massoud Barzani fut élu leader du PDK lors du neuvième congrès du parti du 4 au 11 novembre 1979. Ce congrès marqua un tournant important dans l'histoire du PDK car il scella la fin de la « direction provisoire » qui était la reprise en main du parti par Idris et Massoud Barzani. En 1987, Idris Barzani mourut au Kurdistan iranien et à partir de ce jour jusqu'à aujourd'hui Massoud Barzani est le leader du PDK. Pendant la guerre Iran-Irak (1980-1988), le PDK était l'allié de l'Iran contre le régime irakien et son siège était au Kurdistan iranien près de la frontière du Kurdistan irakien. En 1980, le front patriotique de l'Irak (JUD) contre le régime irakien fut formé dans les montagnes du Kurdistan par le PDK, le parti communiste de l'Irak, le parti socialiste du Kurdistan et le parti socialiste kurde. A cette époque, les relations entre le PUK et le PDK étaient très tendues. En 1981, suite à des divergences de points de vue, Sami Abdul Rahman quitta le PDK pour former un nouveau parti le PGDK (parti populaire démocratique du Kurdistan).

Les conséquences tragiques de la campagne du génocide des Kurdes par le régime de Saddam Hussein, en particulier le bombardement à l'arme chimique d'Halabja poussèrent les partis kurdes (notamment le PUK et le PDK) à mettre temporairement de côté leurs différences. En mai 1988, presque à la fin de la guerre Iran-Irak, ils créèrent un front uni (IKF) contre le régime irakien. Après le soulèvement kurde contre le gouvernement irakien en 1991, le PDK remporta 51 % des votes au parlement du

Kurdistan irakien et avec le PUK (union patriotique du Kurdistan) établirent un gouvernement régional du Kurdistan en 1992. Le PGDK avait remporté très peu de voix lors des élections du parlement du Kurdistan irakien en mai 1992, alors Sami Abdul Rahman et de nombreux membres kurdes du Parti communiste de l'Irak et du Parti socialiste du Kurdistan rejoignirent le PDK en 1993.

En 1994, la guerre civile éclata entre le PDK et le PUK. En août 1996, le PDK avec le soutien du gouvernement central irakien, attaqua les forces du PUK alors que celui-ci quittait le Kurdistan irakien pour l'Iran, mais peu de temps après avec l'appui militaire de l'Iran, le PUK reprit au PDK le contrôle de ses régions. En 1998, Jalal Talabani, secrétaire général du PUK et Massoud Barzani, leader du PDK par l'intermédiaire de Madeleine Albright, ministre des Affaires étrangères des Etats-Unis, signèrent un accord de paix à Washington et conclurent un accord stratégique qui continue à l'heure actuelle.

De 1994 à 2006, le PDK contrôla les provinces d'Erbil (capitale du Kurdistan irakien) et Dohouk et le PUK contrôla les provinces de Sulaymaniya. Le premier ministre de l'administration du PDK était Netchirvan Barzani, fils d'Idris Barzani. Le 1er février 2004, un groupe islamiste perpétra un attentat suicide à la bombe dans les bureaux du PDK et du PUK à Erbil, sept membres du comité central du PDK furent assassinés, y compris Sami Abdul Rahman, directeur de politburo.

Le PDK en étroite coordination avec le PUK, joua un rôle clé en tant que partenaire de la coalition sous le commandement américain dans l'invasion de l'Irak. Les Peshmergas du PDK libérèrent toutes les régions kurdes d'Irak, y compris Mossoul et Kirkouk. En avril 2003, deux avions américains bombardèrent par erreur les forces conjointes américano-kurdes, engagées dans une bataille contre les Irakiens près de la ville de Kirkouk, Wajih Barzani, frère de Massoud Barzani et chef des forces spéciales du PDK fut grièvement blessé et soixante peshmergas furent blessés et tués. Massoud Barzani était un membre éminent du conseil du gouvernement irakien intérimaire, qui fut créé après le renversement du régime de Saddam Hussein lors de l'invasion de l'Irak en 2003.

Le PDK dispose d'une grande administration qui se compose de plusieurs départements : militaire, de renseignements, de l'économique, de la communication, de l'éducation, de la culture et des services internationaux. L'union démocrate des femmes du Kurdistan (KWU) et l'union des jeunes démocrates du Kurdistan sont les divisions les plus actives du PDK et ont beaucoup de membres. Le service de renseignements du PDK (appelé *Parastin*) fut fondé en 1960 avec l'aide des israéliens. Le *Parastin* est un service très actif et efficace d'ailleurs avec la coopération des services de renseignements du PUK (appelé *Zanyari*) ils empêchèrent des attaques terroristes dans la région du Kurdistan irakien. Le PDK a deux chaînes de télévision officielles appelées *Kurdistan TV* et *Zagros TV*, une station de radio appelée *Dangi Kurdistan* (Voix du Kurdistan), un journal appelé *Ghabat* (lutte), plusieurs magazines et deux maisons d'édition.

Aujourd'hui, le Kurdistan irakien est sous le contrôle du KRG (gouvernement régional du Kurdistan) qui est une coalition du PDK et du PUK mais le PDK a plus de partisans et est plus puissant que le PUK. Le PDK contrôle Erbil (capitale du Kurdistan irakien) et Dohouk, quant au PUK il contrôle les provinces de Sulaymaniya. Actuellement le dirigeant du PDK, Massoud Barzani, est le président de la région autonome de Kurdistan (KRG) tandis que Netchirvan Barzani est le premier ministre. Le PDK fut le principal vainqueur des élections du parlement du Kurdistan en septembre 2013, il gagna trente-huit sièges sur les cent onze du parlement. Depuis juin 2014, la principale tâche du PDK consiste à combattre les jihadistes de Daesh (L'État islamique). Des centaines de Peshmergas et plusieurs de leurs commandants y ont laissé la vie.

L'hymne du PDK :

Nous sommes venus avec la brise du début de matinée
Pour porter le message des Kurdes au monde
Nous sommes l'ordre de la cause nationale kurde et de la lutte
Nous avons fracturé le premier joug de la captivité
Nous promettons de ne jamais oublier ce principe

Le Chemin de Barzani et le Kurdistan ou la mort
Le rugissement de la révolte d'Ayllu avait la puissance d'un ouragan
Pour mon identité beaucoup de sang j'ai sacrifié
De nos cendres est née la nouvelle révolte
Nous promettons de ne jamais oublier ce principe

Le Chemin de Barzani et le Kurdistan ou la mort
Jusqu'à la libération finale
Nous offrirons Kirkouk à nos martyrs
Aras et Handrin sont les symboles de notre fierté
Halabja est le symbole de notre chagrin
Nous promettons de ne jamais oublier ce principe

Le Principe de la paix, la libération et la démocratie
Se sont les symboles de notre drapeau jaune

PDKI-HIZBI DEMOKRATI KURDISTANI IRAN (parti démocratique du Kurdistan iranien) est le principal parti militaire et politique du Kurdistan iranien qui vise à la réalisation des droits nationaux kurdes au sein d'une république fédérale démocratique d'Iran. Suite à la guerre entre le PDKI et le Corps des Gardiens de la révolution islamique d'Iran, environ quinze mille personnes furent tuées.

Le PDKI fut fondé par Qazi Muhammad le 16 août 1945 à Mahabad au Kurdistan iranien suite à la transformation du KJK (*Komalay Jianaway Kurd,* association pour la renaissance kurde). Le KJK était une organisation politique secrète des Kurdes d'Iran, fondée en septembre 1942 à Mahabad. Ses membres étaient pour la majorité des intellectuels kurdes et des personnalités patriotes de la région de Mukriyan au Kurdistan iranien dont Qazi Muhammad un religieux très respecté et président de la République de Mahabad en 1946. Le KJK souligna l'importance de la langue et des droits sociaux kurdes. En septembre 1945, le KJK fut dissous et transformé en parti démocratique du Kurdistan et plus tard fut appelé le Parti démocratique du Kurdistan iranien (PDKI). Le programme du nouveau parti se composait des points suivants :

- les Kurdes d'Iran avaient une liberté et un gouvernement autonome dans l'administration de leurs affaires locales et obtenaient une autonomie dans les limites de l'état iranien
- la langue kurde devait être utilisée dans l'éducation et dans l'administration
- un conseil provincial pour le Kurdistan devait être élu pour superviser les questions étatiques et les problèmes sociaux

- tous les fonctionnaires du gouvernement devaient être Kurdes
- les recettes collectées au Kurdistan devaient être dépensées au Kurdistan
- devait être développées l'économie locale, la santé publique et l'éducation
- devait être formé l'unité et la fraternité avec le peuple azéri
- devait être établi une loi unique pour les paysans et les notables

Juste cent cinquante-neuf jours après sa fondation, le 22 janvier 1946 le PDKI établit la République de Mahabad (aussi appelée la république du Kurdistan) avec l'appui soviétique. La fondation et la disparition de la République de Mahabad sont dues en partie à la crise iranienne durant les premières étapes de la guerre froide. L'Iran fut envahi par les alliés (URSS et la Grande-Bretagne) à la fin août 1941, les Soviétiques contrôlant le nord. En l'absence d'un gouvernement central iranien, les Soviétiques tentèrent de rattacher le nord-ouest de l'Iran à leur pays, ils approuvèrent et soutinrent le nationalisme kurde qui cherchait l'autonomie du Kurdistan dans les frontières de l'Iran. Mahabad était une petite ville de seize mille habitants, située au sud de la sphère d'influence de l'Union Soviétique. L'aide matérielle soviétique fut moins importante que celle espérée par les Kurdes. Une aide de provisions vitales arriva, des fusils et des pistolets furent aussi donnés mais il n'y avait aucun char de combat. Le 26 mars 1946, sous la pression des puissances occidentales notamment les Etats-Unis, les Soviétiques promirent au gouvernement iranien qu'ils se retireraient du nord-ouest de l'Iran. Bien que les Kurdes ne s'étaient pas rendu compte que le sort de leur république fût scellé, l'Union soviétique promit de retirer toutes ses forces armées de l'Iran, en échange de concessions pétrolières. Peu de temps après, le régime d'Azerbaïdjan signa un accord avec Téhéran concluant le retour de la souveraineté iranienne et l'isolement des Kurdes. La république du Kurdistan avait formé une armée d'environ treize mille combattants incluant le grand contingent des troupes kurdes d'Irak sous le commandement de Barzani. Les Kurdes envisagèrent même de faire une offensive dans le sud contre les forces iraniennes mais ce projet fut mis en suspens suite aux avertissements soviétiques.

Le 5 décembre 1946, le conseil de guerre de la République de Mahabad déclara qu'il se battrait et résisterait à l'armée iranienne si elle tentait de pénétrer dans la région. Mais Qazi Muhammad expliqua qu'il serait mieux d'éviter la guerre, ce n'était pas par crainte de se sacrifier pour son peuple, ce qui arriva finalement et conduisit à son exécution mais plutôt par celle de l'armée iranienne qui massacrerait le peuple de Mahabad comme elle le fit à Tabriz (capitale de la république d'Azerbaïdjan). Jafer Peshewari, président de la république d'Azerbaïdjan iranienne invita Qazi Muhammad à aller en Union soviétique mais il répondit qu'il n'abandonnerait pas sa nation et son pays sinon l'armée iranienne massacrerait le peuple de Mahabad comme elle le fit à Tabriz (capitale de la république d'Azerbaïdjan).

Le 15 décembre 1946, Qazi Muhammad accueillit le général Homayouni, chef des forces iraniennes. Les soldats iraniens entrés à Mahabad, fermèrent les imprimeries kurdes, interdirent l'enseignement de la langue kurde et brûlèrent tous les livres kurdes qu'ils pouvaient trouver. Qazi Muhammad et deux de ses assistants furent arrêtés et jugés par un tribunal militaire.

Pendant son jugement, Qazi Muhammad défendit courageusement la cause nationale des Kurdes aussi il fut condamné à mort. Le 31 mars 1947 au matin, Qazi Mohammad, son frère, Sadr Qazi et son cousin Sayf Qazi furent pendus en plein centre-ville là où la République avait été proclamée quelques mois avant. Quelques secondes avant sa pendaison, Qazi Mohammad cria « Vive les Kurdes et le Kurdistan ».

Lors des élections du parlement iranien en 1952, les candidats du PDKI gagnèrent la majorité des voix mais le régime du Shah n'accepta pas ce résultat et nomma un cheikh chiite de Téhéran en tant que représentant de Mahabad au parlement. Abdullah Ishaqi (Ahmad Tofiq) organisa le deuxième congrès du PDKI en octobre 1964 au Kurdistan irakien, et il fut élu secrétaire général du parti. Entre 1967 et 1968, certains membres intellectuels du PDKI sous la direction d'Ismail Sharifzadeh mirent en place un groupe militaire contre le régime iranien à Sardasht à la frontière Iran-Irak mais ils furent tous tués. En 1973, lors du troisième congrès du PDKI au Kurdistan irakien, Abdul Rahman Ghassemlou fut élu au poste de secrétaire général, un poste auquel il fut réélu plusieurs fois jusqu'à son assassinat en 1989.

En 1979, le PDKI soutint la révolution contre le régime de Mohammad Reza Shah Pahlavi qui prit fin à l'automne. Un représentant du conseil des Kurdes sous la direction de Ghassemlou, négocia avec des représentants du nouveau gouvernement iranien sur l'autonomie du Kurdistan mais finalement ils n'acceptèrent pas les demandes des Kurdes. 90 % des habitants du Kurdistan boycottèrent le référendum pour la nouvelle constitution islamique. Peu de temps après, l'ayatollah Khomeiny déclara une « guerre sainte » contre les Kurdes et le PDKI.

Des milliers d'exécutions s'ensuivirent au Kurdistan jusqu'en 1984 au milieu de la guerre Iran-Irak (1980-1988). Cela marqua le début de la confrontation des Kurdes et du nouveau régime qui continue encore aujourd'hui. Ghassemlou mobilisa environ cinquante mille peshmergas et mena une lutte armée contre le gouvernement iranien pour l'autonomie du Kurdistan. Egalement de son bureau à Paris, il organisa une grande campagne internationale pour la lutte des Kurdes d'Iran.
De 1979 à 1984, le PDKI établit une certaine autonomie dans les régions kurdes sous son contrôle. Les enseignants membres du parti enseignaient en langue kurde dans les écoles et une station radio diffusait ses programmes en kurde et en persan. Le PDKI avec l'aide de « Médecins sans frontières » et Bernard Kushner établirent un système de santé dans les villages (médecins itinérants) qui étaient sous son contrôle. En octobre 1981, le PDKI rejoignit le conseil de la résistance nationale contre le régime islamique d'Iran qui se composait, des « Moudjahidines du Peuple », du « Front démocratique national », de « la gauche unie », de petits groupes socialistes et d'Abulhassan Bani Sadr, ancien président d'Iran. Suite à des divergences de points de vue politiques, le PDKI quitta cette coalition.
En 1981, tous les partis d'opposition iraniens du régime islamique trouvèrent refuge dans les régions kurdes sous le contrôle du PDKI. En 1982, les forces du *Sepah Pasdaran* (gardes de la révolution islamique) attaquèrent la région sous le contrôle du PDKI, après le parti installa ses forces militaires (environ dix mille combattants) dans les régions frontalières du Kurdistan irakien. Lors du quatrième congrès du PDKI en 1982, un groupe de sept leaders, dont Ghani Biluryan quittèrent le parti, ils voulaient que celui-

ci reconnaisse le régime islamique mais le comité central du PDKI n'accepta pas cette demande. Lors du huitième congrès du PDKI du 18 au 23 janvier 1988, un groupe de leader du parti sous la direction de Jalil Gadani suite à des divergences de points de vue politiques avec Ghassemlou et surtout la façon de choisir les membres du comité central (liste fixe proposée par Ghassemlou), se sépara du PDKI et fonda le «parti démocratique du Kurdistan iranien - direction révolutionnaire » mais par la suite s'étant affaibli, il rejoignit le PDKI en 1996.

Pendant la guerre Iran-Irak (1980-1988), les combats entre le PDKI et le régime iranien continuèrent et de nombreuses personnes furent tuées des deux côtés. En 1988 après la fin de la guerre Iran-Irak, le gouvernement iranien décida de négocier avec Ghassemlou. Le 28 décembre, le 30 décembre 1988 et le 20 janvier 1989, plusieurs réunions eurent lieu à Vienne, une autre réunion fut organisée le 13 juillet, encore une fois à Vienne. La délégation de Téhéran était composée de Mohammed Jafar Sahraroudi, Hadji Moustafawi et Amir Mansur Bozorgian, tous étaient membres des services secrets des gardes de la révolution islamique. Les Kurdes eurent également une délégation de trois personnes, Abdul Rahman Ghassemlou, son assistant Abdullah Ghaderi Azar (membre du comité central du PDKI) et Fadhil Rassoul, kurde irakien et professeur d'université, intervenait comme médiateur.

Le lendemain du 13 juillet 1989, dans la salle même où la négociation eut lieu, Ghassemlou fut tué de trois balles tirées à bout portant, son assistant Ghaderi Azar fut touché mortellement par onze balles et Rassoul par cinq. Les trois représentants iraniens dans les négociations avec Ghassemlou purent retourner librement en Iran sous les pressions du régime iranien envers l'Autriche. L'un d'entre eux ne fut jamais placé en garde à vue, l'un fut même escorté à l'aéroport de Vienne par la police autrichienne neuf jours après la tuerie et le troisième après une nuit d'arrestation, passa quelques mois à l'ambassade iranienne à Vienne avant de disparaître en Autriche. Abdullah Ghaderi Azar et Abdul Rahman Ghassemlou furent enterrés le 20 juillet à Paris au cimetière du Père Lachaise.

A la fin novembre 1989, les tribunaux autrichiens émirent un mandat d'arrêt pour les trois représentants iraniens et le gouvernement autrichien accusa expressément le gouvernement iranien d'être l'instigateur de l'attaque contre Abdul Rahman Ghassemlou et les deux autres Kurdes. L'assassinat de Ghassemlou fut très regrettable pour le PDKI et l'opposition iranienne en générale. Pour les Kurdes d'Iran, il était un leader charismatique. Tous les partis kurdes le respectaient en tant qu'intellectuel et diplomate mais de nombreux Kurdes critiquèrent ses négociations secrètes avec les *Pasdars* (gardes de la révolution islamique) iraniens qui conduisirent à son assassinat. Ghassemlou est né la même année qu'Ismail Agha Simko, un célèbre dirigeant kurde iranien, assassiné par les autorités iraniennes. Le père de Ghassemlou lui disait de ne jamais croire aux promesses des autorités iraniennes parce qu'il connaissait l'histoire d'Ismail Agha Simko et Qazi Muhammad. Assassiner des dirigeants kurdes en les invitant à des négociations était une tactique de la politique iranienne mais l'Irak et la Turquie ne l'ont pas utilisée.

Ghassemlou pensait que la République islamique d'Iran voulait régler la question kurde et terminer la guerre avec le PDKI qui tua environ cinquante mille personnes. La

négociation avec les iraniens était juste un piège pour tuer Ghassemlou parce que le régime iranien ne pouvait pas le tuer au Kurdistan.
L'adjoint, Sadegh Sharafkandi succéda à Ghassemlou comme secrétaire général de PDKI. Après avoir participé au congrès de l'international socialistes, le 17 septembre 1992 Sharafkandi et ses assistants, Fattah Abdoli, Homayoun Ardalan et Nouri Dehkordi furent assassinés au « restaurant Mykonos » à Berlin en Allemagne pendant une réunion d'opposition contre la République islamique d'Iran. Les assaillants tirèrent uniquement sur les personnalités kurdes. Sharafkandi, Abdoli et Ardalan sont enterrés dans le cimetière du Père Lachaise à Paris. Le procès « Mykonos » commença en octobre 1993 en Allemagne. Le tribunal rendit son verdict en 1997, Kazem Darabi, un agent des services secrets iraniens et Abbas Rhayel, membre du Hezbollah libanais, furent reconnus coupables et condamnés à la prison à vie. Aussi deux de leurs complices libanais, Youssef Amin et Mohamed Atris, furent condamnés respectivement à 11 ans et à 5 ans et 3 mois de prison. Le 10 avril 1997, le tribunal délivra un mandat d'arrêt international envers le ministre des services secrets iraniens, Hojjat al-Islam Ali Fallahian après qu'il ait déclaré qu'il avait ordonné les assassinats et ce à la connaissance du guide suprême, l'ayatollah Ali Khamenei et du président l'ayatollah Rafsandjani. Cela conduisit à une crise diplomatique entre le gouvernement iranien et plusieurs pays européens qui dura jusqu'en novembre 1997. En 2004, la mairie de Berlin fit installer une plaque commémorative devant le restaurant Mykonos. En dépit des protestations internationales et nationales, Darabi et Rhayel furent libérés de prison, le 10 décembre 2007 et expulsés vers leur pays d'origine.

Après les assassinats de Ghassemlou et Sharafkandi, le PDKI devenu faible, quitta les montagnes et s'installa dans les villes du Kurdistan irakien où ses nouvelles bases et ses forces devinrent la cible des attaques des agents iraniens. Jusqu'en 1996, le PDKI arrêta ses actions militaires contre le gouvernement iranien et à son treizième congrès en 2004, changea son slogan « l'autonomie du Kurdistan et la démocratie pour l'Iran » par « un Iran démocrate et fédéral ». Le PDKI créa également *le congrès des nations iraniennes fédérales*. Peu de temps après le treizième congrès du PDKI, un grand nombre de dirigeants (notamment Abdullah Hasanzadeh, ancien secrétaire général de PDKI) à la suite de différents points de vue politiques avec Mustafa Hijri, le nouveau secrétaire général, quittèrent le parti et créèrent un groupe en 2006 sous le nom *Hizbi Dimokrati Kurdistan* (parti démocratique du Kurdistan) et Ghalid Azizi fut élu secrétaire général. Cette division affaiblit encore plus le PDKI.

Le PDKI a une station de radio appelée *Dengi Kurdistani Iran* (la voix du Kurdistan iranien), une chaîne de télévision appelée *Tishk TV* à Paris et un journal appelé *Kurdistan*. Le *Hizbi Dimokrati Kurdistan* a aussi une chaîne de télévision appelée *Kurd Canal* au Kurdistan irakien, une station de radio appelée *Dengi Kurdistani Iran* (la voix du Kurdistan iranien) et un journal appelé *Kurdistan*. Le PDKI est membre de l'*internationale socialiste* et de l'*organisation des nations et des peuples non représentés* (UNPO). Le bureau des relations internationales du PDKI se situe à Paris. Le PDKI dispose de trois départements, pour les jeunes, les femmes, les étudiants et chacun publie son propre journal.

L'hymne du PDKI :

Félicitations hey Kurde !
Tous vos souhaits seront réalisés grâce à la lutte du PDKI
Chers Kurdes félicitations ! Tous les jeunes de la patrie sont prêts
Les peshmergas kurdes dans la bataille, combattent comme des lions et des léopards
Le jour du combat tous sont des héros

Maintenant que l'ennemi est aveugle
Aujourd'hui, c'est le jour de la fête des Kurdes
Vive vive le PDKI
Vive vive le PDKI
Si l'ennemi nous tue tous
Si notre tête est écrasée par un tyran
Nous n'abandonnerons jamais la lutte et la bataille
Nous n'abandonnerons jamais le PDKI

Si les désastres de notre histoire se répètent
Si nous sommes exécutés ou pendus comme notre éternel pionnier Qazi Muhammad
Nous n'abandonnerons jamais la lutte pour obtenir le droit de notre nation
Jusqu'à ce que notre soleil se lève, jamais nous n'abandonnerons la lutte

Si l'envahisseur nous chasse tous
Si l'ennemi sauvage détruit notre patrie
Nous n'abandonnerons jamais la lutte pour obtenir le droit de notre nation
Le chemin de la libération de la nation, c'est la lutte et la bataille
La cause de la destruction de la nation est décevante et crainte
Vive vive le PDKI

Vive vive le PDKI
Nous avons prêté serment au PDKI, nous suivrons le chemin de Docteur Ghassemlou
Jusqu'à la réalisation de nos souhaits et de notre but, jusqu'au lever de notre soleil
Nous n'abandonnerons jamais la lutte pour obtenir le droit de notre nation jusqu'au lever de notre soleil nous n'abandonnerons pas la lutte
Si l'ennemi nous tue tous
Si notre tête est écrasée par un tyran
Nous n'abandonnerons jamais la lutte et la bataille
Nous n'abandonnerons jamais le PDKI
Vive vive le PDKI
Vive vive le PDKI

PESHMERGA est le nom des combattants armés kurdes, qui luttent pour la libération du Kurdistan. Peshmerga veut dire ceux qui sont prêts à affronter la mort pour leur cause.

Bien que les forces peshmergas du Kurdistan existaient depuis l'avènement du mouvement indépendantiste kurde dans les années 1980, ce nom fut pour la première fois utilisé à l'époque de la République kurde de Mahabad en 1946 et devint le titre d'un roman de Rehim Seif Qazi en 1958. Le terme peshmerga fut officiellement utilisé pour la première fois lors de la Révolte kurde irakienne sous la direction de mollah Mustafa Barzani (1961-1975) et devint un mot qui a une connotation très patriotique et presque sacrée. Il est opposé au terme *Jash* (traître), signifiant pour les Kurdes qui se battent du côté du gouvernement contre le mouvement kurde.

A l'origine les peshmergas étaient appelés les guérilleros kurdes irakiens mais c'est plus tard que ce terme fut utilisé par le PDKI et le Komala guérilla kurde du Kurdistan iranien. Officiellement, le nom des combattants du PKK n'est pas peshmergas mais « Girila ». L'on compte parmi les peshmergas, un grand nombre de femmes surtout dans le PKK (presque 40%), elles ont de hauts grades d'ailleurs dans ce parti, la parité homme femme existe ses dirigeants sont Cemil Bayik (un homme) et Bese Hozat (une femme).

Avec l'institutionnalisation du gouvernement régional du Kurdistan (KRG) dans le nord de l'Irak après 1992, de plus en plus de peshmergas furent utilisés pour défendre le Kurdistan irakien. A partir de 2003, les peshmergas furent l'armée officielle du Kurdistan irakien, qui est indépendante des forces armées irakiennes, là aussi les femmes sont présentes et ont des postes hauts gradés. A chaque fois que l'armée irakienne tenta de pénétrer sur le territoire de la région autonome du Kurdistan, les forces peshmergas les dissuadèrent. Après l'invasion des Djihadistes, l'objectif principal des Peshmergas a été de les combattre. Environ 1500 Peshmergas et leurs commandants ont été tués depuis juin 2014.

Hymne des Peshmergas :

Je suis peshmerga du Kurdistan
Je suis prêt pour la bataille
par le sacrifice de mon âme et de ma vie je protège ma patrie
Je n'abandonnerai jamais ma lutte sauf lors de la victoire ou de ma mort
Je suis peshmerga du Kurdistan
Je suis prêt pour la bataille
Je suis Kurde, jamais vaincu
Je suis guerrier, jamais vaincu
Je n'abandonnerai jamais ma lutte sauf lors de la victoire ou de ma mort

Je suis peshmerga du Kurdistan
Je suis prêt pour la bataille

Je ne veux pas avoir une vie d'opprimé, c'est la honte
Jusqu'à ce que je libère ma patrie et la nation, je lutterai
Je sacrifierai ma vie parce que c'est le prix de la libération
Je n'abandonnerai jamais ma lutte sauf lors de la victoire ou de ma mort

Je suis peshmerga du Kurdistan
Je suis prêt pour la bataille
Par le sacrifice de mon âme et de ma vie je protège ma patrie

PJAK- PARTI JIYANI AZADI KURDISTAN (parti pour une vie libre au Kurdistan) est une organisation politique et armée kurde qui lutte contre le régime iranien. Le PJAK travaille sous la direction du KCK (la confédération des sociétés du Kurdistan) qui milite pour un système de confédéralisme démocratique aussi le PJAK est considéré comme une branche du PKK au Kurdistan iranien.
Le PJAK fut créé au printemps 2004 suite à son premier congrès dans les montagnes de Qandil au Kurdistan irakien. La majorité des membres du PJAK était des jeunes du Kurdistan iranien qui avaient fait de hautes études et qui avaient rejoint le PKK après l'arrestation d'Abdullah Öcalan en 1999. Le PJAK est géré par un comité central qui est élu pendant 2 ans. Abdulrahman Haji Ahmadi (actuellement vit en Allemagne) est président du PJAK mais tous les pouvoirs du parti étaient entre les mains du comité central sous la direction d'Akif Zagros jusqu'à sa mort en automne 2006.
La branche armée du PJAK, le HRK (*Hezen Rojhilate Kurdistan,* forces de défense de l'est du Kurdistan)

démarra ses activités militaires contre le régime iranien en 2004, alors l'armée iranienne bombarda les bases du PJAK dans les régions frontalières du Kurdistan d'Irak, de nombreux habitants de villages des montagnes de Qandil furent déplacées et certaines personnes furent blessées et tuées. Le 9 mai 2010, les autorités iraniennes ordonnèrent l'exécution de quatre prisonniers politiques du PJAK, dont une femme à Téhéran. Les Kurdes et la communauté internationale protestèrent à travers les média contre ces exécutions. Jusqu'au cessez-le feu du PJAK et de l'Iran en 2011, la majorité des dirigeants du PJAK fut tuée lors des affrontements avec les forces du *Sepah Pasdaran* (gardes de la révolution islamique d'Iran). Aussi quelques dirigeants et partisans civils du PJAK furent arrêtés et pendus dans les prisons iraniennes. La moitié des guérilleros du PJAK sont des femmes dont beaucoup d'entre elles furent tuées dans les affrontements avec les forces iraniennes.

En octobre 2013, Abdullah Öcalan, leader du PKK demanda au PJAK de négocier avec le régime iranien mais en novembre, ce dernier fit exécuter deux prisonniers politiques du PJAK. En réponse le PJAK s'engagea dans des représailles contre les membres de la Garde de la révolution islamique d'Iran.

Le PJAK dispose de deux autres branches, YJRK (union des femmes de l'est du Kurdistan) et YCRK (union des jeunes de l'est du Kurdistan). La chaîne de télévision internationale du PJAK s'appelle *Newroz TV*, elle diffuse ses programmes de Suède. En plus de revues pour les jeunes et les femmes, il publie un journal à Qandil appelé *Alternatif*.

PKK-PARTIYA KARKEREN KURDISTAN (parti des travailleurs du Kurdistan) est une organisation militaire et politique kurde de Turquie et l'un des plus grands mouvements du *Moyen-Orient*. L'idéologie du PKK est fondée sur le socialisme révolutionnaire et le nationalisme kurde, lutte pour le système de confédéralisme démocratique.

Au début des années 1970, le groupe de base de l'organisation fut créé en grande partie par des étudiants menés par Abdullah Öcalan (Apo), étudiant en sciences politiques à l'université d'Ankara. C'est dans ce milieu, lors d'une réunion en 1974 à laquelle participait sept à onze personnes, qu'Öcalan dit que les conditions nécessaires pour qu'existe un mouvement kurde en Turquie sont que le groupe doit rompre ses relations avec les mouvements de gauche qui refusaient de reconnaître les droits nationaux kurdes. Finalement Öcalan comprit compte tenu de la situation qu'il était prêt pour la mise en place de son organisation.

Il créa le PKK le 27 novembre 1978 avec six amis *(parmi* eux Mehmet Heyri Durmus, Kesire Yildirim, Heqi Karayir, Kemal Pir*)* dans le village de Fis, près de Diyarbakir. *Son idéologie mêlait la lutte des classes et le nationalisme.* Son premier objectif était d'essayer de gagner le soutien de la population kurde, il mena des campagnes de propagande dans la région contre le gouvernement turc dans *sa revue* Serxwebun *(l'indépendance) dont le rédacteur en chef était Mazlum Dogan.* La tactique du PKK était basée sur l'embuscade, le sabotage, les émeutes, les protestations et les manifestations contre le gouvernement turc.

Le 12 septembre 1980, un coup d'Etat militaire fut organisé afin de décréter l'état d'urgence en Turquie. Öcalan avait anticipé le coup d'Etat, quelques mois avant il alla dans la vallée de la Bekaa au Liban (qui était alors sous le contrôle syrien) et y établit une académie politique et militaire du PKK. De 1982 jusqu'en 1998, le PKK eut pour principale mission l'enseignement de la guérilla kurde. Ils entraînèrent et organisèrent les troupes de militants. Le premier camp d'entraînement du PKK fut fondé avec le soutien de l'organisation de libération de la Palestine et de la Syrie. En 1983, une alliance fut établie entre le PKK et le PDK (parti démocratique du Kurdistan) d'Irak sous la direction de Massoud Barzani, elle permit aux militants du PKK qui jusque-là étaient formés en Syrie, de s'implanter dans le Kurdistan irakien. Au lieu de créer un grand camp d'entraînement qui pouvait être facilement détruit, le PKK établit plusieurs petits camps dans les montagnes du Kurdistan de Turquie.

En 1984, le PKK forma son aile militaire, appelée HRK (l'armée de libération du peuple kurde) qui le 15 août 1984, commença ses activités militaires contre l'armée turque qui continuent aujourd'hui. En 1987, le succès de la guérilla du PKK fut compromis par la fin de l'alliance avec le PDK. Après la perte du soutien du PDK, le PKK se rapprocha du PUK (union patriotique du Kurdistan) en 1988 car il était à la recherche d'une nouvelle alliance. Jusqu'en 1992, le PKK créa une armée professionnelle de quelques dix mille combattants dans les montagnes du Kurdistan de Turquie et d'Irak. En 1988 et 1992, l'armée turque attaqua les bases du PKK dans le Kurdistan de l'Irak mais sans succès.

C'est après la première guerre du Golfe en 1991, que le mouvement prit de l'ampleur. Face à la rigidité de la politique turque et à son refus de reconnaître aux Kurdes la légitimité d'une identité culturelle à part entière et une autonomie administrative, nombre de jeunes s'engagèrent dans le combat et la guérilla s'intensifia dès le début des années 1990. C'est alors que le président turc, Turgut Özal entama une rupture avec la politique kémaliste de son pays et proposa des solutions politiques notamment une meilleure représentation des Kurdes en politique, l'amnistie des membres du PKK et une certaine autonomie du Kurdistan. Öcalan, en relation indirecte avec Özal proposa un premier cessez-le-feu en mars 1993. Un mois plus tard, le président turc mourut en emportant avec lui ses projets et le pouvoir qui lui succéda, ne respecta pas la trêve.

En 1995 le PKK déclara un cessez le feu unilatéral qui fut rejeté par les responsables turcs. Les forces turques continuèrent à localiser et détruire les unités du PKK, conduisant à de violents combats dans lesquels des dizaines de combattants des deux côtés furent tués. En août 1996, le PKK annonça la fin de la trêve, la guerre s'intensifia avec de grandes batailles qui eurent lieu dans de nombreuses parties du Kurdistan jusqu'en 1998. En septembre 1998, Öcalan demanda à ses troupes de mettre fin à la lutte armée et de se retirer à l'extérieur des frontières pour le bien de la paix. Il croyait à une solution politique fondée sur la reconnaissance de l'identité des personnes et de l'acceptation de leurs droits culturels. Les autorités turques rejetèrent son offre pour la deuxième fois.

Afin d'empêcher les destructions causées par une guerre et d'ouvrir la voie vers une résolution politique et démocratique, Öcalan proposa des trêves mais celles-ci s'avérèrent unilatérales, les dirigeants turcs n'y répondirent jamais favorablement. Malgré cela, Öcalan déclara la fin des combats le 1er septembre 1998, afin de permettre des négociations politiques et diplomatiques. La Turquie, refusant les négociations, menaça ouvertement la Syrie pour son soutien en faveur du PKK. A la suite de cela, le gouvernement syrien força Öcalan à quitter le pays. Öcalan dût s'exiler en Europe afin de trouver une solution au problème. Il séjourna en Grèce, en Russie et en Italie. Il poursuivit sa lutte contre la guerre et rappela qu'une solution était possible.

En 1998, le gouvernement turc demanda l'extradition d'Öcalan de l'Italie. En raison de la pression Turque, Öcalan quitta l'Italie pour la Grèce et ensuite la Russie puis il revint en Grèce mais les autorités grecques l'amenèrent à l'ambassade grecque à Nairobi au Kenya pour le protéger en attendant de trouver une solution. Aux premières heures du 15 février 1999, Öcalan avait quitté l'ambassade pour l'aéroport de Nairobi afin de partir en Hollande mais il fut capturé au cours d'une opération menée conjointement par les services secrets turcs, américains et israéliens. Des manifestations parfois violentes eurent lieu dans de nombreux pays européens. Ainsi quatre militants furent tués lors d'une manifestation devant le consulat d'Israël à Berlin, pour protester contre le rôle du *Mossad* dans l'arrestation d'Öcalan. Des militants se réunirent également devant l'ambassade de Grèce à Londres pour protester contre la fin du soutien grec envers le PKK.

A la suite de son emprisonnement, Öcalan décréta un cessez-le-feu unilatéral. Le gouvernement turc et les médias s'associèrent pour montrer Öcalan comme un terroriste et un criminel, les événements après sa capture (procès, sa détention) révélèrent la personnalité d'un homme démocratique et épris de paix. Les Kurdes de Turquie le considèrent comme un prophète les ayant mobilisés et ayant relancé leur identité, à tel point qu'après sa capture environ une dizaine de Kurdes s'immolèrent. En l'absence d'Öcalan, un conseil de douze commandants militaires et politiques dirigea le PKK bien que Cemil Bayik était le successeur légitime d'Öcalan. En 2001, suite à son renoncement à la lutte armée, le PKK changea de nom et devint le KADEK (congrès pour la liberté et la démocratie au Kurdistan). En 2003, le KADEK devint le KGK (congrès du peuple du Kurdistan), le président de ce parti était Zübeyir Aydar, ancien membre du parlement turc qui vécut en Europe. En juin 2004, le KGK proclama la fin du cessez-le-feu et recommença ses activités militaires contre l'armée turque. La branche militaire du KGK appelée HPG (forces de défense du peuple) continua les combats jusqu'en mars 2013.

En 2003, suite à des divergences de points de vue des leaders du PKK, au sujet de la lutte armée et la politique du parti, Osman (frère d'Öcalan) et d'autres leaders du PKK quittèrent le parti et formèrent un parti appelé PWD (parti des patriotes du Kurdistan). Ils quittèrent leurs montagnes, ils s'installèrent et aussi s'intégrèrent à la vie des villes du Kurdistan irakien, le PWD fut très vite dissous. En 2005 le PKK devint le KKK et en 2007, devint le KCK (confédérations des sociétés du Kurdistan) agissant à la manière d'un parlement et comprenant toutes les branches et les organisations sous le contrôle du PKK en Iran, Turquie, Syrie, Irak et en Europe.

Jusqu'en 2012, le gouvernement turc refusa toute négociation avec le PKK qu'il accusait de terrorisme mais l'augmentation de ses activités militaires et civiles obligea finalement la Turquie à négocier avec Öcalan. A la fin 2012, le gouvernement turc entama des pourparlers secrets avec Öcalan pour un cessez le feu, afin de faciliter ces pourparlers, les responsables gouvernementaux transmirent des lettres d'Öcalan, toujours détenu en prison, aux dirigeants du PKK dans les montagnes de Kurdistan d'Irak. Dans la nuit du 9 au 10 janvier 2013, trois femmes membre du PKK dont Sakine Cansiz furent assassinées dans les locaux de la Fédération des associations kurdes de France à Paris. Cansiz était l'une des fondatrices du PKK et proche ami d'Öcalan. Ce crime perpétré par des extrémistes turcs avait pour but de faire obstacle aux négociations entre Öcalan et le gouvernement turc.

Lors de la fête du nouvel an (*Newroz*) de 2013, dans un message historique Öcalan déclara : « Je le dis devant les millions de personnes qui écoutent mon appel, une nouvelle ère se lève où la politique doit prévaloir, pas les armes » c'est-à-dire, il demanda au PKK de se retirer de Turquie et de se replier au Kurdistan irakien, le PKK accepta sa demande. Cette déclaration fut saluée par la communauté internationale.

Aujourd'hui le PKK se compose de différents groupes :

- HPG (branche armée du PKK actif au Kurdistan de Turquie)
- PYD (branche politique du PKK actif au Kurdistan de Syrie). Dès l'invasion par les Djihadistes des régions kurdes de la Syrie, la responsabilité du PYD a été de lutter contre les Djihadistes. Ce sont les membres de ce parti qui ont libéré Koubané en collaborant avec les Peshmergas.
- PJAK (branche politique du PKK actif au Kurdistan iranien)
- PCDK (branche politique du PKK actif au Kurdistan irakien)
- KJB (association confédérale des femmes)
- PAJK (branche politique du KJB)
- YJA (branche armée du KJB au sein des HPG)

- TECAK (mouvement de la jeunesse libre du Kurdistan)
- HRK (branche armée du PJAK)
- YPG (branche armée du PYD)

Le PKK a environ dix mille guérillas (y compris les guérillas internationales) dans les montagnes du Kurdistan de l'Irak et la Turquie. 40% de cette guérilla sont des femmes qui occupent des hauts postes aussi bien politiques que militaires. Qandil est une chaîne de montagnes dont les hauteurs les plus hautes sont de trois mille mètres et plus ; sa situation géographique est stratégique dans le Kurdistan irakien. Elle est la base administrative et politique du PKK. Murat Karayilan était le président du conseil exécutif du PKK jusqu'en juillet 2013, à partir de cette date ses successeurs sont Cemil Bayik et Bese Hozat.

Le PKK a environ un million de partisans en Europe. Il créa *MED TV,* la première chaîne de télévision kurde internationale en 1995 à Londres et Bruxelles, et maintenant en possède quatre à travers l'Europe. Il fonda aussi « le parlement du Kurdistan en exil » aux Pays-Bas en 1995 et le KNK (congrès national du Kurdistan) en mai 1999 à Bruxelles. Il a également un journal et une maison d'éditions en Allemagne. Le PKK reçoit son financement sous la forme de donations privées tant des organisations kurdes que des individus à travers le monde.

Öcalan écrivit plus de trente livres sur l'histoire kurde et des personnalités kurdes dont : *La manière de vivre, La vérité du Kurdistan et mouvement du PKK depuis le 19ème siècle jusqu'à aujourd'hui, Patriotisme du Kurdistan, Perspective, Nous sommes le mouvement contemporain d'Abraham, Manifeste démocratique pour la question kurde, Des prêtres de l'Empire sumérien à la civilisation démocratique,*

Défense d'une nation, Edduba, Manifeste de la société démocratique et *Guerre et paix au Kurdistan : Perspectives pour une résolution politique de la question kurde.*
Lors des affrontements du PKK et de la Turquie, il y eut quarante mille tués des deux côtés et cinq mille villages furent brûlés par le gouvernement turc, pour couper le soutien local au PKK trois millions de Kurdes furent déplacés dans d'autres villes de Turquie (notamment Istanbul et Ankara) et environ un million de réfugiés vers les pays européens. A partir de 1923, la Turquie s'engagea dans des processus d'assimilation des Kurdes. Elle nia leur existence en Turquie et interdit leur langue, leur culture et leur histoire mais finalement au début de l'année 2000, la Turquie reconnut les Kurdes. La plupart des spécialistes pensent que c'était le résultat de la pression du PKK. Sans la lutte militaire, politique et culturelle du PKK, les Kurdes de Turquie auraient perdu leur identité.

PUK-YEKETI NISHTIMANI KURDISTAN (union *patriotique* du Kurdistan) est un parti politique nationaliste socialiste kurde d'Irak, dirigé par l'ex président de l'Irak, Jalal Talabani (1933-). Le PUK lutte pour le droit à l'autodétermination du peuple kurde dans un pays unifié : l'Irak démocratique. Le PUK est membre de l'*Internationale socialiste* dont Jalal Talabani est le vice-président.
Le 1er juin 1975, Jalal Talabani annonça la création du parti à Damas en Syrie, environ 2 mois après l'effondrement de la révolte kurde de Mustafa Barzani (1961-1975) à un moment où les Kurdes irakiens étaient déçus de l'échec de la révolte kurde, c'est pour cela qu'ils appelèrent le PUK *shorishi nwe* (la nouvelle révolution

kurde). Le PUK fut fondé par la coalition des trois groupes : le KRK-*Komalay Ranjdarani Kurdistan* (association des travailleurs de labeurs au Kurdistan), le YSK-*Yeketi Shorishgerani Kurdistan* (union des révolutionnaires du Kurdistan) et l'*Heli Gishti* (La Voie Générale). Jalal Talabani est le secrétaire général du PUK depuis sa fondation en 1975.

En 1976, le PUK organisa une campagne armée contre le régime irakien. En 1977, Talabani retourna au Kurdistan irakien et y établit son siège juste à la frontière Irak-Iran. Depuis lors, le PUK et le PDK (parti démocratique du Kurdistan) furent les deux plus importants partis kurdes irakiens. Pendant une mission militaire du PUK en 1978 dans la région de Hakari, Ali Askari (chef militaire et un des fondateurs du PUK) et de nombreux peshmergas du parti furent capturés et exécutés par le PDK. Cet événement envenima longtemps les relations entre le PDK et le PUK. La lutte militaire du PUK contre le régime irakien prenait de l'ampleur jour après jour, ce qui obligea Saddam Hussein à négocier avec Talabani à Bagdad en 1983. Après une semaine de négociation, Saddam et Talabani parvinrent à un accord sur une semi autonomie pour le Kurdistan d'Irak mais sous la pression de la Turquie, Saddam ne signa pas l'accord final. Jalal Talabani repartit au Kurdistan et reprit sa lutte armée contre le régime irakien qui se poursuivit jusqu'en 1991.

En 1984 quand la lutte du PUK contre le régime irakien était à son paroxysme, un groupe qui s'appelait *Alay Shorish* (drapeau de la révolution) se sépara du PUK. Cette division était le résultat de différents points de vue politiques entre certains dirigeants du PUK et Jalal Talabani. Immédiatement après la scission les dirigeants *d'Alay Shorish,* dont Mollah Baxtyar (maintenant leader non officiel du PUK) furent accusés de trahison et condamnés à mort par Talabani mais mollah Baxtyar avant son exécution s'évada de prison et se réfugia en Iran. Après la libération du Kurdistan irakien en 1991, certains membres *d'Alay Shorish* dont mollah Baxtyar et Imad Ahmad (qui maintenant s'est joint à Massoud Barzani président du Kurdistan irakien) rejoignirent le PUK et ils devinrent leaders de ce parti.

En 1980, le front patriotique d'Irak contre le régime irakien fut formé dans les montagnes du Kurdistan par : le PDK, le parti communiste de l'Irak, le parti socialiste du Kurdistan et le parti socialiste kurde. Le PUK était contre cette coalition (JUD). En 1983, Anawshirwan Mustafa Amin, un commandant du PUK fut arrêté par le parti socialiste du Kurdistan et quelques jours avant son exécution, il s'échappa. Avec ses forces, il attaqua la base du parti communiste d'Irak dans le village de Pishtashan (Kurdistan irakien) et de nombreux peshmergas tant d'origine kurde qu'arabe furent tués. A cette époque, les relations entre le PUK et le PDK étaient très tendues.

Pendant la guerre Iran-Irak (1980-1988) le PUK fut le meilleur allié de l'Iran contre le régime irakien. En 15 mars 1988, les forces du PUK aidèrent l'Iran à envahir la ville d'Halabja au Kurdistan irakien et le 16 mars 1988 Saddam Hussein la bombarda avec des armes chimiques, il y eut cinq mille morts et dix mille blessés dont la plupart était des civils. Les conséquences tragiques de la campagne du génocide des Kurdes par le régime de Saddam Hussein, en particulier le bombardement à l'arme chimique d'Halabja poussèrent les partis kurdes (notamment le PUK et le PDK) à mettre temporairement de côté leurs différends. En mai 1988, presque à la fin de la guerre Iran-Irak, ils créèrent un front uni (IKF) contre le régime irakien.

Après le soulèvement kurde contre le gouvernement irakien en 1991, le PUK remporta 49% des votes au parlement du Kurdistan irakien et avec le PDK, ils fondèrent le gouvernement régional en 1992. En 1993, les forces du PUK se battirent contre les forces du mouvement islamique du Kurdistan dans la ville de Qaladize, malgré le fait que de nombreux membres du PUK aient été tués, celui-ci fut finalement dans un certain sens victorieux. En 1994, la guerre civile entre le PDK et le PUK commença. En août 1996, le PDK avec l'appui du gouvernement central irakien attaqua les forces du PUK alors qu'elles quittaient le Kurdistan d'Irak pour l'Iran mais avec l'appui militaire de l'Iran le PUK put reprendre ses régions qui étaient sous le contrôle du PDK.

En 1998, Jalal Talabani, secrétaire général du PUK et Massoud Barzani, secrétaire général du PDK, par l'intermédiaire de Madeleine Albright, ministre des Affaires étrangères des Etats-Unis, signèrent un accord de paix à Washington et conclurent un accord stratégique qui continue à l'heure actuelle. De 1994 à 2006 l'administration de la province de Sulaymaniya fut sous le contrôle du PUK. Son premier ministre était Barham Salih. En 2003, le PUK avec l'appui aérien de la marine des Etats-Unis (en Mer Rouge) attaqua et détruisit toutes les bases du groupe fondamentaliste *Ansar Al Islam* dans la région d'Halabja. Le 1er février 2004, des groupes islamistes perpétrèrent un attentat-suicide à la bombe dans les bureaux du PDK et du PUK à Erbil qui conduisit à la mort d'un certain nombre de membres du comité central du PUK et du PDK. Le PUK en étroite coordination avec le PDK joua un rôle clé en tant que partenaire de la coalition sous le commandement américain dans l'invasion de l'Irak. Jalal Talabani était un membre éminent du conseil d'administration intérimaire irakien qui fut créé à la suite du renversement du régime de Saddam Hussein par l'invasion de l'Irak en 2003.

Jusque 2006, Anawshirwan Mustafa était l'adjoint du secrétaire général du PUK, après son échec aux élections internes du parti, il quitta le PUK et fonda le *Bizutnaway Gorran* (mouvement du changement) qui devint le parti d'opposition du PUK et du PDK. Cette scission affaiblit beaucoup le PUK car de nombreux dirigeants et cadres du parti rejoignirent le *Bizutnaway Gorran*. En 2009, lors des élections du parlement du Kurdistan plus de 51 % des habitants de Sulaymaniya votèrent pour le *Gorran*. Ce fut un grand choc pour le PUK et cela l'obligea à accepter toutes les conditions de son adversaire le PDK. Profitant de l'absence de son rival, Jalal Talabani (étant en Allemagne depuis de 2012 pour son traitement médical), Anawshirwan mobilisa les habitants de Sulaymaniya afin qu'ils votent pour le *Gorran* aux élections du parlement du Kurdistan en septembre 2013, il vainquit le PUK pour la deuxième fois et remporta plus de 60 % des votes à Sulaymaniya et vingt-quatre sièges au parlement du Kurdistan. Cette défaite créa une grande crise au sein du PUK.

Aujourd'hui, le Kurdistan d'Irak est sous le contrôle du gouvernement régional du Kurdistan (KRG) qui est une alliance du PDK et du PUK mais le PDK a plus de partisans et de pouvoir que le PUK. Le PDK contrôle des provinces d'Erbil (capitale du Kurdistan irakien) et la ville de Dohouk et le PUK la province de Sulaymaniya. Le PUK a une grande administration qui se compose de différents départements : militaire, du renseignement, de l'économique, de la communication, de l'éducation, de la culture et de l'international. Le service de renseignements du PUK appelé *Znyari* est très actif et efficace, il travaille en coopération avec le service de renseignements du PDK appelé *Parastin* qui empêcha les attaques terroristes dans la région du Kurdistan irakien. Le PUK a trois chaînes de télévision officielles : *Kurdsat TV, GK TV* et *Al-Itihad,* une station de radio appelée *Dangi Gali Kurdistan (Voix du peuple du Kurdistan),* un journal appelé *Kurdistani nwe* (le nouveau Kurdistan), plusieurs magazines et une maison d'édition.

Jalal Talabani étant malade depuis 2012, c'est sa femme, Hero Talabani qui dirige le PUK. Depuis juin 2014, la principale tâche du PUK consiste à combattre les jihadistes de Daesh (L'État islamique). Des centaines de Peshmergas et plusieurs de leurs commandants y ont laissé la vie.

L'hymne du PUK :

Le PUK est pionnier de la nouvelle révolution
Le PUK est la confiance et l'espoir des travailleurs de labeur et des misérables
Hé Kurdistan, ta montagne et tes plaines, tes héros peshmergas
Le linceul des martyrs est le drapeau avec l'étoile rouge

Tous les libérateurs du monde sont nos amis,
Notre terre c'est l'enfer pour les envahisseurs, c'est leurs tombes
J'ai obtenu la victoire par mon sacrifice
Hé Kurdistan, ta montagne et tes plaines, tes héros peshmergas

La plume et le fusil sont mes armes,
J'y vois le chemin de la liberté,

En temps de paix, nous sommes de blanches colombes et la brise de l'aube,
En temps de guerre, nous sommes des ouragans et des léopards

Notre cause est claire comme un miroir devant le soleil : l'auto détermination et la liberté sont mes droits légitimes
Notre citadelle est notre tranchée
Le PUK est la force de la nation et notre dirigeant
Hé Kurdistan, ta montagne et tes plaines, tes héros peshmergas

QANDIL est une chaîne de montagnes stratégiques dans le Kurdistan irakien. Elle est le symbole de la résistance nationale kurde.
Qandil se situe au nord est de l'Irak à la frontière Iran-Irak et à environ cinquante kilomètres au sud de la Turquie. Sa longueur est d'environ cinquante kilomètres et ses plus hauts sommets atteignent jusqu'à trois mille mètres et plus. C'est à partir de 1960 que Qandil fut la base de tous les partis kurdes qui luttaient contre l'Irak, l'Iran et la Turquie. De 1961 à 1975, ce fut la base de la Révolte kurde contre le régime irakien, de 1976 à 1991 celle du PDK (parti démocratique du Kurdistan), du PUK (union patriotique du Kurdistan), du parti socialiste du Kurdistan et du Parti communiste irakien qui luttèrent contre le régime de Saddam Hussein.
De 1981 à 1995, Qandil fut la base du PDKI (parti démocratique du Kurdistan iranien) et du KOMALA (branche du parti communiste au Kurdistan iranien) qui luttèrent contre le régime iranien. De 1996 jusqu'à aujourd'hui, elle est la base du PKK (parti des travailleurs du Kurdistan) qui lutte contre la Turquie et celle du PJAK (le parti pour une vie libre au Kurdistan) qui lutte contre l'Iran. En 2000, sous les pressions de la Turquie, le PUK

attaqua le PKK à Qandil mais le PKK fut victorieux et envahit tous les villages de Qandil.

De 2000 jusqu'à maintenant, Qandil est la base administrative et politique du PKK et une base militaire et politique du PJAK. Le PKK appelle Qandil « la zone libre de Médie ». De 1961 jusqu'à aujourd'hui, Qandil fut la cible de bombardements : de 1980 à 1991 par les Irakiens (y compris le bombardement chimique), de 1996 à 2004 par les Turcs et de 2004 jusqu'à aujourd'hui, il y a eu des bombardements aériens turcs et par l'artillerie iranienne. En raison de ces bombardements, de nombreuses personnes abandonnèrent leurs villages de Qandil.

Qandil a une place importante dans l'histoire et la littérature politique des Kurdes parce qu'elle fut la base de tous les partis kurdes contre les gouvernements de l'Irak, l'Iran et la Turquie. Elle est un symbole sacré et il y a de nombreux chants révolutionnaires à la gloire de Qandil. La montagne fait partie intégrante de la vie des Kurdes, elle a toujours servi de refuge lors des différentes attaques contre ce peuple, les hauts sommets plus ou moins accessibles leur permirent de préserver leur culture. Un célèbre proverbe kurde dit : « aucun ami, sauf les montagnes ».

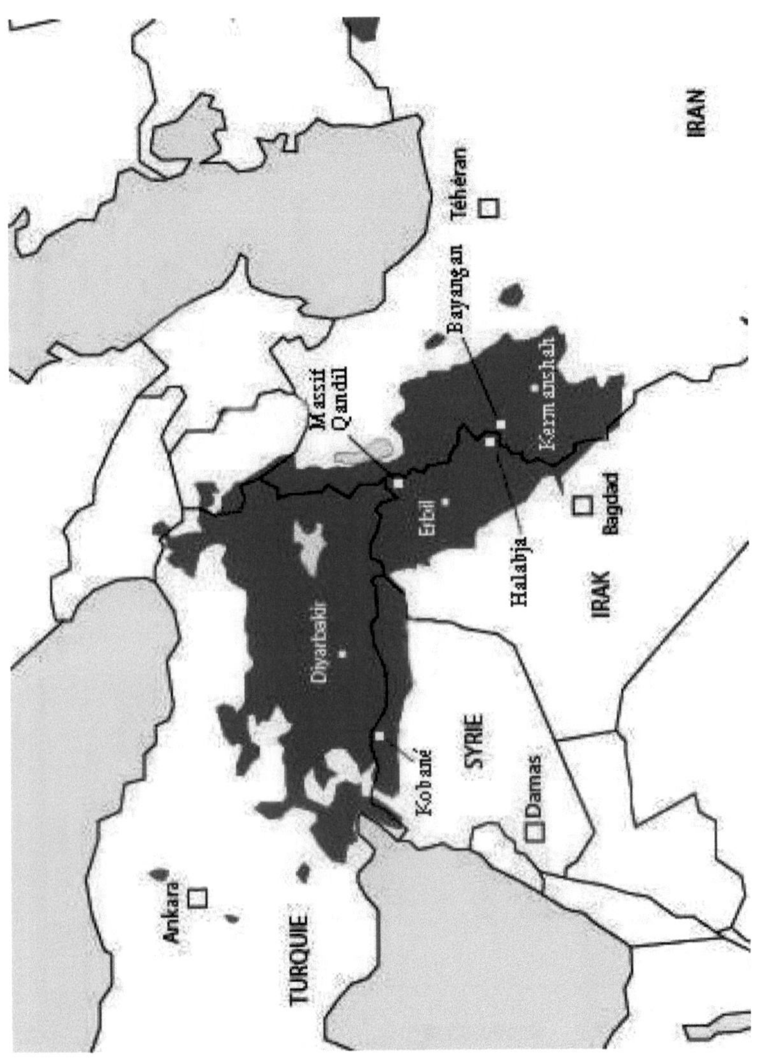

Régions kurdes

Table des matières

Table des matières

L'Harmattan Italia
Via Degli Artisti 15; 10124 Torino

L'Harmattan Hongrie
Könyvesbolt ; Kossuth L. u. 14-16
1053 Budapest

L'Harmattan Kinshasa
185, avenue Nyangwe
Commune de Lingwala
Kinshasa, R.D. Congo
(00243) 998697603 ou (00243) 999229662

L'Harmattan Congo
67, av. E. P. Lumumba
Bât. – Congo Pharmacie (Bib. Nat.)
BP2874 Brazzaville
harmattan.congo@yahoo.fr

L'Harmattan Guinée
Almamya Rue KA 028, en face
du restaurant Le Cèdre
OKB agency BP 3470 Conakry
(00224) 657 20 85 08 / 664 28 91 96
harmattanguinee@yahoo.fr

L'Harmattan Mali
Rue 73, Porte 536, Niamakoro,
Cité Unicef, Bamako
Tél. 00 (223) 20205724 / +(223) 76378082
poudiougopaul@yahoo.fr
pp.harmattan@gmail.com

L'Harmattan Cameroun
BP 11486
Face à la SNI, immeuble Don Bosco
Yaoundé
(00237) 99 76 61 66
harmattancam@yahoo.fr

L'Harmattan Côte d'Ivoire
Résidence Karl / cité des arts
Abidjan-Cocody 03 BP 1588 Abidjan 03
(00225) 05 77 87 31
etien_nda@yahoo.fr

L'Harmattan Burkina
Penou Achille Some
Ouagadougou
(+226) 70 26 88 27

L'Harmattan Sénégal
10 VDN en face Mermoz, après le pont de Fann
BP 45034 Dakar Fann
33 825 98 58 / 33 860 9858
senharmattan@gmail.com / senlibraire@gmail.com
www.harmattansenegal.com

L'Harmattan Bénin
ISOR-BENIN
01 BP 359 COTONOU-RP
Quartier Gbèdjromèdé,
Rue Agbélenco, Lot 1247 I
Tél : 00 229 21 32 53 79
christian_dablaka123@yahoo.fr

625715 - Octobre 2015
Achevé d'imprimer par